青春文庫

陰陽道　安倍晴明の謎

歴史の謎研究会［編］

青春出版社

はじめに

「陰陽道《おんみょうどう》」という言葉を、はじめて聞いた人もいるかもしれない。仏教や神道、キリスト教などにくらべて、宗教としての陰陽道はさほど一般的ではない。しかし、「節分」や「七五三」、「七夕」ならばどうだろうか。

実は、おなじみのこれらの年中行事は、陰陽道の思想から生まれたものなのだ。陰陽道は、古来より日本人の暮らしのなかに浸透しているのである。

平安の都にこの陰陽道を極め、式神《しきがみ》を操り、人並みはずれた呪術力で人々から畏怖された一人の男がいた。

陰陽師《おんみょうじ》――安倍晴明《あべのせいめい》。

陰陽師は、広大な自然のなかに深遠な哲理を感じた。その研ぎ澄まされた洞察力は、夜空に満天と輝く星のなかに人の運命を司る法則を見出し、その祈りの内で人知の及ばぬ宇宙の声を聞いたのである。

安倍晴明とは一体何者だったのか。朝廷直属の機関として歴史の闇を動かした陰陽道とは――。本書はその真相に迫る。

歴史の謎研究会

陰陽道☯安倍晴明の謎　目次

第壱章　大陰陽師安倍晴明

第弐章 陰陽道のルーツを探る

第参章　呪術の奥義に迫る

第四章　陰陽道が作った闇の日本史

付録　人物・用語詳覧集

ブックデザイン☯坂川事務所
カバーデザイン☯フラミンゴスタジオ
執筆協力☯佐藤淳
図版☯鶴田珠恵
本文レイアウト☯根尾義道
制作☯ＮＥＯ企画
協力☯京都府立総合資料館／阿倍王子神社／北野天満宮／東京国立博物館

第壱章
大陰陽師 安倍晴明

安倍晴明《あべのせいめい》の出生にまつわる謎

平安時代は悪鬼、魑魅魍魎《ちみもうりょう》が跋扈《ばっこ》し、人の健康や運勢はそれらによって左右されると考えられた時代であった。この時代に、人並みはずれた能力で勇名を馳せた人物がいる。陰陽師《おんみょうじ》・安倍晴明《あべのせいめい》、その人である。

晴明はその呪術力で式神《しきがみ》を操り、また未来を予見したという。

当時、最先端科学とされていた天文をよみ、呪術を操った陰陽師とは何だったのか。歴史に名を残す陰陽師・安倍晴明とは何者だったのだろうか？

安倍晴明は狐の子であったという説がある。晴明の父の安倍保名《あべのやすな》が蘆屋道満《あしやどうまん》の弟悪右衛門《あくえもん》に痛めつけられていた白狐を救った。後に、その白狐は保名の妻となり晴明を産んだという話である。これは浄瑠璃《じょうるり》の『しだのづまりぎつね　付　あべノ晴明出生』（延宝二年刊）に記されているエピソードである。

このように晴明は、その出生からして謎に満ちている。また父親の保名の名も、浄瑠璃やその他の伝説の中には見られるが、不思議なことに、史実の中にはどこ

晴明の母で狐の化身だといわれている《葛葉姫像》（大阪・阿倍王子神社蔵）

にも見当たらないのである。

では晴明の実の両親はどんな人であったのだろうか？　狐の化身であったと伝えられる母親については、実際はその名前すらわかっていない。ただし、晴明の母は山の民であったという説がある。当時は都人《みやこびと》と、それ以外の人が結ばれることはきわめて稀《まれ》なことで、あまり公にはできなかった事情があった。そのようなこともあって母についての記録はできるだけ隠すという配慮がなされたのだろう。一方、父親の方は大膳大夫《だぜんのだいぶ》（宮廷内の宴や神事や仏事に出す料理や供物を管理する仕事）という官職を持つ安倍益材《あべのますき》という人であった。

父の家系には大化改新《たいかのかいしん》の左大臣になった阿部内麻呂《あべのうちまろ》という人や、平安初期には参議《さんぎ》左中将《さちゆうじよう》の安倍兄雄《あべのあにを》、その息子で淡路守《あわじのかみ》の安倍春材《あべのはるき》という人たちがおり、代々役人をしていた一族であった。そしてその春材の孫が安倍晴明である。つまり、数々の伝説に彩られ、仮空の人物譚のように語られる安倍晴明は、由緒ある家系に生まれた、氏素性《うじすじよう》のはっきりとした人物なのである。

晴明自身も立派な経歴の持ち主である。まず陰陽寮《おんみようりよう》では天文得業生《てんぶんとくぎようせい》になった後に天文博士《てんもんはくじ》に昇進、その後は父と同じ大膳大夫、主計寮次官、左京権大夫《さきようのごんだいぶ》、穀倉院別当《こくそういんべっとう》を歴任、晩年は播磨守《はりまのかみ》（今で言うなら兵庫県知事）の重職についている。つまり、晴明は陰陽道以外の仕事にも、そのすぐれた手腕を発揮した高級官僚だったのだ。今で言うならばれっきとしたキャリア組である。

安倍晴明という人は周囲から見ると、とても神秘的な雰囲気を持った人物に写ったのだろう。その晴明の持つ霊的な能力は母親から遺伝したと考えられていたに違いない。なぜならば、当時、山の民というのは常人離れした能力を持った人々と都人からは畏怖《いふ》されていたからである。

遠祖、役小角《えんのおづぬ》から賀茂忠行《かものただゆき》へ

安倍晴明は若い頃に大舎人《おおとねり》といって、天皇の雑用係を任されたことがあった。その頃、晴明は慈光《じこう》という僧侶と出会っている。慈光は晴明を一目見るなり「この者はただ者ではない、将来何かひとつの道を極めるであろう」と言ったと伝えられている。この慈光という人は、人相見《にんそうみ》においては定評がある人物だった。

後に晴明は陰陽道を極めたので、この予言は当たっていたのだが、晴明がどのようにして陰陽道へ傾倒したのかは、実のところあまりよくわかっていない。

晴明の陰陽道の師匠は賀茂忠行《かものただゆき》という人である。この人物も謎を多く秘めている。まずこの人の遠祖は修験道《しゅげんどう》の開祖である役小角《えんのおづぬ》となっている。役小角は空を飛ぶことができるほどの呪術力を持っていたと言う。だから忠行が陰陽道という高度な知識と並外れた呪術力を持っていたとしても、その血筋から見て不思議な話ではない。賀茂忠行は陰陽頭《おんみようのかみ》（長官）の地位に就いているが、安倍晴明は、この重職に就いていない。ただし、晴明が忠行より能力的に劣っていたという意味ではない。忠行には強力な後ろ楯《だて》があったのである。

忠行の後ろ楯になった人は、あの菅原道真《すがわらのみちざね》の孫の菅原文時《すがわらのふみとき》である。忠行は文章生として、この人物から学問を習い、文官としての地位を築き上げた。当時は専門分野の領域に優れているだけではなく、広い博識がなければ陰陽頭にはなれなかったのである。忠行はその人並外れた呪術力で、平将門《たいらのまさかど》や藤原純友《ふじわらすみとも》の乱を調伏《ちょうぶく》（相手に呪いをかけて殺害すること）により鎮圧することを上奏《じょうそう》し、その功績を認められたと伝えられている。また、忠行の息子の保憲《やすのり》（晴明の兄弟子）も、かなりの超能力を持っていた人物であった。

二大陰陽道宗家の出発点

賀茂保憲は忠行の長男であり、晴明より四歳年上であった。保憲は幼い頃から優れた超能力の持ち主であったことを伝える逸話がある。

保憲が十歳くらいの頃、忠行がある人からお祓《はら》いを頼まれて出かけた際に、幼い保憲も同行した。その帰り道、保憲は忠行にそっと告げた。それは、忠行が祓いの儀式をしている最中に恐ろしい形相をした悪鬼の群れがお供えを食べたり、置いてあった人形の船や牛車や馬などに乗っていろいろな方向に飛んでいったのを見たという。それを聞いた忠行は、息子の保憲の能力がただものではないことに気づき、将来は類い稀な陰陽師になると確信した。それ以後、忠行は保憲に対して、陰陽道の英才教育をしていったという。

その成果があってか後に、保憲は陰陽寮では暦博士《こよみはくじ》、天文博士、そして父の後を継いで陰陽頭にまでなっている。『今昔物語《こんじゃくものがたり》』などでは、晴明の師匠は忠行ではなく保憲であった、というような記述も見られるが、年が四歳しか離れていないのでその可能性は薄い。むしろ保憲と晴明は、修行時代苦楽を共にした良き仲間というのが実情だろう。後に賀茂一族の独占であった暦道と天文道のうち天文道を晴明に譲り、これが事実上、賀茂氏と安倍氏の二大陰陽道宗家の出発点となっているからだ。このことからも賀茂保憲と安倍晴明二人の関係は、とても深い友情で結ばれていたことがわかる。

安倍晴明の超能力の萌芽

安倍晴明が賀茂忠行に弟子入りしたのは、幼少の頃であった。晴明が幼いころどんな少年だったのかを示す記述は、あまり残されていない。

伝説の中には、晴明は茨城県の猿島《さしま》で生まれ育ったとするものもある。子供たちからいじめられている蛇を助けて龍宮城へ招待され、そこで龍王からあらゆる呪術として使える秘符の入った石の匣《はこ》をもらったり、未来予知ができる薬を耳に塗ってもらったという話などである。

さて忠行がどういういきさつで晴明を自分の弟子にしたのかは定かではないが、

平安時代に描かれた鬼《百鬼夜行図》（東京国立博物館蔵）

それを暗示させるエピソードがある。

ある日、忠行は幼い晴明を連れて下京へ赴《おもむ》いた。供の晴明は忠行の乗った牛車の後を歩いていたが、途中眠くなった忠行は車を止めて寝込んでしまった。

その時、前方から鬼たちが近づいて来るのに晴明は気がついた。あわてて晴明が忠行を起こして自分が見たことを告げると、忠行はただちに自分たちの姿を相手に見えなくする隠形《おんぎょう》の術を使い、鬼たちに気がつかれることなく難を逃れたのである。

忠行は晴明が、通常の人の目には見えない鬼を見ることができる能力を持っていることを知り、陰陽道の奥義を授けようと決断する。みるみる陰陽道をマスターしていく晴明に、忠行は相当に惚れ込んでいたようで、「瓶《かめ》の水をこぼさないで他の器に入れるように」（懇切丁寧に）陰陽道を伝授したと『今昔物語』の中でも伝えられている。

伝説の大陰陽師・伯道上人《はくどうしょうにん》

安倍晴明には、賀茂忠行の他にもう一人師匠と呼べる人物がいた。その人は伝説の大陰陽師・伯道上人《はくどうしょうにん》である。晴明は一時天皇の命で唐に留学したが、その際、晴明に十年かかって陰陽道の奥義を伝授したのが、伯道上人なのだ。修行を終えた晴明は、陰陽道の奥義が記されている『金烏玉兎集《きんうぎょくとしゅう》』という書物を持って帰国した。

ところが、晴明の妻は夫の留学中に不義密通のあやまちを犯していた。それも相手はよりによって晴明のライバルの陰陽師の蘆屋道満《あしやどうまん》だったのだ。

道満に唆《そその》かされた晴明の妻は、道満と共謀して晴明殺害計画を練る。そのやり方は姑息《こそく》なもので、まず妻が『金烏玉兎集』を見つけ、それを道満に写し取らせ、そして道満が術を使い、晴明の夢の中へ現れて「『金烏玉兎集』は己《おのれ》の手中にある」と告げたのだ。そんなはずがないと主張する晴明に対し、もし自分が『金烏玉兎集』を持っていたら、お主の首を頂くという賭《かけ》を要求した。その申し出を受けた晴明だが、道満が写し取った本を見せたので賭は道満の勝ちとなり、あえなく殺害されてしまう。

その頃、はるか海の向こうで晴明の身に危険を感じた伯道上人は、早速日本へやってくる。しかし残念ながら、日本に着いたときはもうすでに晴明はこの世の者ではなくなっていたのである。

しかし、そこは陰陽道の奥義をマスターしている伯道上人である。すぐに晴明の骨を集めて、秘術を使って晴明を蘇《よみがえ》らせてしまったのだ。そして今度は伯道上人が道満のところへ行き「晴明と会った」と告げる。自分が殺した晴明が生きているわけがないので、道満は思い上がり「そんなはずがない、もし生きていたら自分の首を賭けてもいい」と言い放った。するとそこに生き返った晴明がひょっこり現れ、道満はあえなく首をはねられてしまったという話である。

この伯道上人の実在性は定かではないが、晴明が唐に渡り、陰陽道のメッカである唐の地で伯道上人のような優れた陰陽道の使い手である人物と出会い、陰陽道の奥義をより一層極めたということは十分考えられる話である。

安倍晴明の恐るべき予知能力

晴明には、将来起こることが事前にわかってしまう能力があった。時は寛和二年（九八六年）藤原兼家《ふじわらのかねいえ》は、自分の外孫である懐仁親王《かねひとしんのう》を、なんとか早く皇位につかせようと策謀をめぐらせた。当時の天皇は花山天皇《かざんてんのう》であったが、折しも皇妃が死去し、悲嘆にくれる日々を送っていた。

これを絶好の機会と思った兼家は、自分の三男で天皇と親しかった道兼《みちかね》に、花山天皇を出家させるように説得させる。いくら皇位についていようとも一度出家すれば二度と皇位につくことは許されない、という掟を知った上での陰謀だったのである。

花山天皇はこの策に嵌《は》まり、出家してしまう。

出家当日の夜、天皇一行が東山法家《ひがしやまほっけ》へ行く途中、ちょうど土御門北《つちみかどきた》、西洞院《にしのとういん》

《安倍晴明像》（大阪・阿倍王子神社蔵）

東《ひがし》にあった晴明の家を通りすぎようとした時、家の中から「天皇は譲位《じょうい》したと見える、天にもそのことを示す変化があったが、もうすでに譲位は決まってしまったようだ、すぐに参内《さんだい》しよう」と晴明が手を叩きながら話す声が聞こえてきたのだ。そして、晴明の家の戸が誰もいないのに自然に押し開き、「ただいま帝《みかど》はここを通り過ぎられたようです」という声だけが響いた。

花山天皇が出家することは、兼家や道兼らしか知らないはずであるから、晴明はそのことを予知していたとしか考えられない。ただし、この場合、兼家たちの陰謀を防ぐことは晴明にもできなかった。むしろこれは煩《わずら》わしい権力争いに巻き込まれるのを嫌った、晴明のわずかばかり皮肉を込めたパフォーマンスだったのかも知れない。

この事件とは違い、晴明が予知能力で人の命を救った話がある。

ある日、晴明は朝廷内の詰め所の付近で、若い貴族がどこからか飛んできた鳥に糞をかけられる場面を目撃する。晴明は一目見てその鳥が式神であることを見抜き、今晩その若者の命が危ないことを察知した。

晴明はその若者を助けようと思い、一緒に家に行き、夜どおしでその貴族のために祓いの祈禱文《きとうぶん》を唱え続けた。夜明け間近に誰かがほとほとと家の戸を叩いた。訪問者はある陰陽師の付き人であった。話によれば主人である陰陽師が昨夜急死したと言うことだった。

晴明は、死んだ陰陽師が昨日、鳥の姿の式神を若者に飛ばした者だと悟った。事の真相は次のようなことであった。晴明の救った若者の妻の実家は裕福で、若者の妻の他にも姉妹がいた。その姉妹の婿たちが、嫁の実家があまりにも若者の家庭ばかり可愛がるのを嫉妬して、陰陽師に若者を調伏するように頼んだのだ。しかし頼まれた陰陽師も運が悪かったとしか言いようがない。まさか、自分が調伏しようとした相手に、晴明ほどの陰陽師がつくとは夢にも思わなかっただろう。放った呪術は晴明の調伏返しの術で己にはね返り、命を落とすことになった。

前世を見抜く力

安倍晴明には、未来だけではなく人の前世を見る能力もあった。それを示す有名なエピソードがある。花山天皇はひどい頭痛持ちだったが、特に雨の降る日には痛みが激しく、どんな治療をしても、その痛みはまったく鎮《しず》まらなかった。そこで晴明に頭痛の原因を聞いてみたのだ。

晴明が見たところ、花山天皇の前世は大峰山で修行していた行者《ぎょうじゃ》であり、その前世の行徳《ぎょうとく》によって今世では皇位についていたが、前世での亡骸《なきがら》が、山中の岩の間に挟《はさ》まったままで放置されているというものだった。雨が降るとその岩が膨《ふく》らんで亡骸がしめつけられ、それが原因で頭痛が起きているというのである。

その亡骸を岩の間から取り出して、広い場所に安置すれば今まで悩まされていた頭痛は止むと晴明は告げた。さっそくその亡骸があるという場所に重臣《じゅうしん》たちが行ってみると、晴明の言う通りに岩の間に髑髏《どくろ》が挟まっていた。それを取り出し手厚く供養したところ、天皇の頭痛は嘘のように消え、それ以後頭痛で悩むことは一度もなかったという話である。

晴明が結界を張った家は火事にならない

六歌仙《ろっかせん》の一人、平安の名歌人の在原業平《ありわらのなりひら》の家は、安倍晴明の作った結界《けっかい》のおかげで長い間火災を避けることができたという。

業平の家は三条南にあり、普通の家と異なり、ちまき柱という円形の柱を使って建てられていた。当時の平安京はさまざまな乱が巻き起こり、火災にみまわれることも多かった。その上、現在のように防災設備が整っていたわけではないので、火事に巻き込まれなかったということは、奇跡に近いことで、晴明の結界の威力を物語っている。

結界とは一種の霊的なバリアのことで、そのバリアが張り巡《めぐ》らされた範囲には悪霊や鬼は入ってこれないと考えられた。もちろん、このバリアは人の目には見えないが、霊感の強い人には見えることもあるという。

ただ、医者の不養生《ふようじょう》という言葉があるが、天元元年（九七八年）七月二十四日に安倍晴明の家に落雷があり、被害が出たという記録が『日本紀略《にほんきりやく》』に載っている。

晴明は自宅に結界を張っていなかったのだろうか。あるいは、その雷は晴明の結界をも破る何かであったのであろうか……。

酒呑童子《しゅてんどうじ》退治に一役買った安倍晴明

平安時代の中頃に入ると、公家以外に武家達も次第に力を持ち始めた。武家にとっては武芸に秀でることが地位を向上させる第一条件だったので、いろいろな武勇伝が伝えられた。なかには妖怪や鬼などを相手にした話が、まことしやかに語り継がれている。

大江山《おおえやま》の酒呑童子《しゅてんどうじ》の話もその中のひとつだが、実はこの話に安倍晴明が絡《から》んでいたのである。

酒呑童子とは、正暦元年（九九〇年）から長徳元年（九九五年）にかけて、夜な夜な京の都に現れて女を連れ去ったり、貴族が持っていた財宝を盗むなど、傍若無人《ぼうじゃくぶじん》な振る舞いをしていたと言われる鬼の頭領《とうりょう》である。それに頭を痛めていた朝廷が、腕におぼえのある武士を集めて征伐《せいばつ》をさせた。そして、この酒呑童子の正体を一番はじめに見破ったのが、安倍晴明だったのだ。

鬼たちの住処《すみか》が大江山だということを、晴明によって知らされた天皇は、源《みなもとの》

《晴明降魔調伏の図》（大阪・阿倍王子神社）

頼光《よりみつ》を筆頭に坂田金時《さかたのきんとき》、碓井貞光《うすいさだみつ》、卜部《うらべ》季武《たかたけ》、藤原保昌《ふじわらやすまさ》ら征伐隊を派遣する。

途中、大江山山中で迷った一行は、三人の不思議な翁《おきな》に出会い、人が飲めばただの酒だが、鬼が飲むと飛ぶ力をなくすという酒をもらう。

鬼を油断させ、酒宴に招かれた頼光らは、持参の酒で鬼の力を奪い、見事鬼退治を成功させるのである。

晴明の呪術力やその並外れた見識を伝えた話は数あるが、この話の晴明は精彩を欠く。

なぜなら、本来鬼と対峙すべき陰陽師である晴明が、冒頭の住処を看破するくだりにしか登場しないからである。

なぜ晴明は征伐隊には加わらなかったのだろうか。

実のところこの話は、武家の台頭と冒頭に述べた武勇伝にからくりがある。武芸に秀でていることをアピールしたい武家は、相手がより強力な魔物であることを誇張したい。その魔物を倒すこと、イコール武家の勇気と力を誇示することであるからだ。安倍晴明でなければ、鬼の正体や住処を暴くことができなかった。それほどの大物を退治したのが我々だ、という筋書きである。

つまり、晴明の名は箔《はく》づけの為にあとから付け加えられたのである。

陰陽道や陰陽師は、しばしばこうした政治的な思惑のために利用されたが、皮肉にも晴明の陰陽師としての名声が、この話を誇張させる役割を担ってしまったと言えるだろう。

狐憑《つ》きの正体を見破る

晴明には、人間にとり憑いた霊を見分ける力もあった。その霊が何物なのか、どんな力があるのか、また何の理由で人にとり憑いているのかを知ることができたのだ。もちろんその霊を祓う力も持っていた。

晴明にまつわるエピソードに九尾《きゅうび》の狐を追い払った話がある。近衛天皇《このえてんのう》は玉藻《たまも》前《まえ》という大変美しい妃《きさき》を得てから、なぜか病床に臥《ふ》すことが多くなった。原因を知るために晴明に聞いたところ、妃の玉藻前の正体が九尾の狐という人間をたぶらかす古狐で、その祟《たた》りにより天皇が病になっていると指摘した。

この狐は古代中国の夏《か》の梁王《りょうおう》、殷《いん》の紂王《ちゅうおう》、周《しゅう》の幽王《ゆうおう》などの前に現れ、その美《び》貌《ぼう》で王をたぶらかして国を滅ぼし、その後日本にやってきた妖怪だったのだ。

特に殷の時代には、蘇妲己《そだっき》という美人の身体にのりうつり紂王を虜《とりこ》にして、自分の思うままに操った。そしてもし逆らう者がいれば容赦なく処刑し、処刑方法も自分で考案し、苦しみ喘ぐ者を楽しんで見ていた。と、中国で人気のある伝奇小説『封神演義《ほうしんえんぎ》』の中でも描かれているほどだ。

さてこのような極悪非道な妖怪を追い払うには、それこそかなり強い呪術力がなければならない。そこで晴明の出番である。晴明はこの妖怪を追い払うために泰山府君《たんざんふくん》の祭祀《さいし》を行ったのだ。

この祭祀は、死人をも蘇らせる威力を持つのだが、妖怪を追い払うために、晴明は祭祀の際に御幣《ごへい》を持つ者（シャーマン役）の役を玉藻前に頼んだ。神の力で玉藻前が神懸《かみが》かれば、とり憑いている狐が正体を現すにちがいないと判断したのだ。晴明の読み通り、狐は自分の正体を気づかれたと思い朝廷から逃げ出した。それを三浦介義明《みうらのすけよしあき》と上総介広常《かずさのすけひろつね》という、弓矢の名手である二人の武士が追いかけ、下野国《しもつけのくに》（栃木県）の那須野で見事射殺したのだ。その際に狐は石に変わり、殺生石《せっしょうせき》と呼ばれるようになったと伝えられている。

ただし、この話は久寿元年（一一五四年）の出来事とされており、安倍晴明の生存していた時期と時間にズレがある。だから、実際に狐を追い払ったのは晴明本人ではなく、その血をひく五代目の安倍泰親《あべのやすちか》という人物であったのだろう。

晴明紋は何を意味しているのか

安倍晴明のシンボルマークとなっている五角形の印は正式には晴明桔梗印《ききょういん》と呼ばれ魔除けの印とされているものである。なぜ五角形かというと陰陽道の陰陽五行説の木、火、土、金、水の相生《そうせい》と相剋《そうこく》の関係(六五頁参照)を表しているのだ。

◉晴明桔梗印

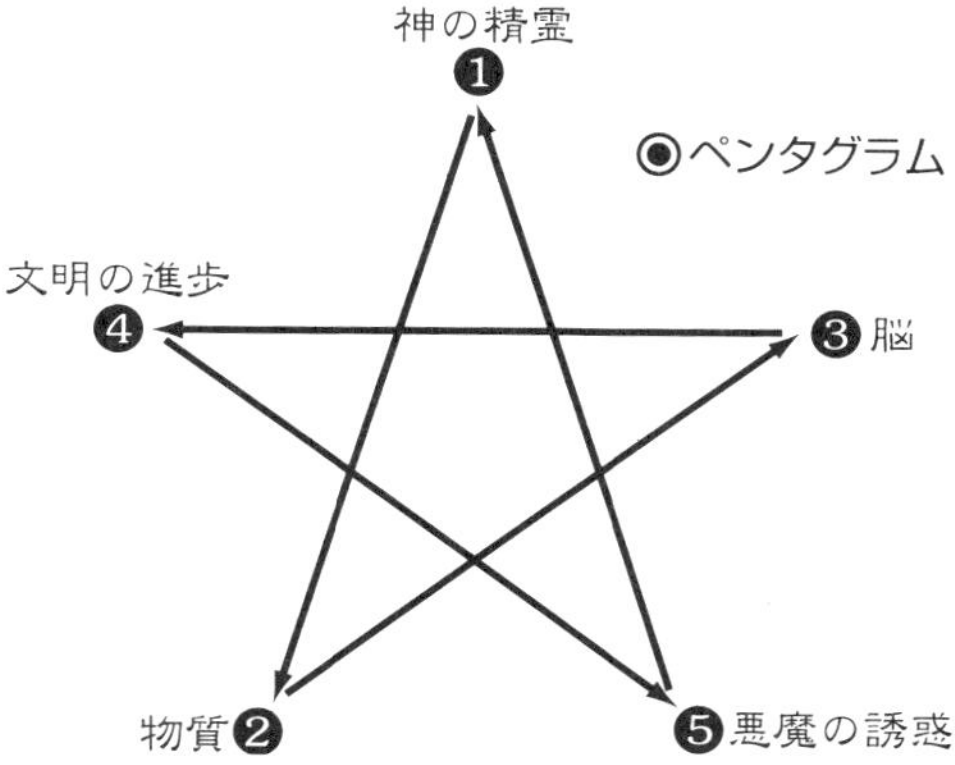

◉ペンタグラム

ユダヤ神秘思想（カバラ）などで使うペンタグラム（五芒星《ごぼうせい》）と晴明桔梗印を一緒のものだと主張する人もいるが、二つはまったく違ったものである。

ペンタグラムも魔除けの効果があると信じられ、西洋魔術に取り入れられたり、中世ヨーロッパでは魔術師の家の前にそのマークが貼られていたと言われている。しかし、西洋のペンタグラムには宗教的理念に基づいた別の意味がちゃんとある。

その意味とは、神の聖霊が最も低い形態の物質に下がり、そこから最も高い物質（脳）に少し上がる。そしてそこから水平に移動し（これは文明の進歩を表す）、また下降する（すべて人は悪魔に誘惑されることを表す）、しかし、また上昇する（最終的には人の魂は神のもとへ帰ることを表す）という行程を示している（三三頁、下段参照）。

これは陰陽道の意味合いとは違っている。

それから、安倍晴明が天文博士であったから、晴明桔梗印が星形をしているというのも間違いである。そもそも星形が天の星の象徴と考えられたのは、最近のことであり、多くは丸によって表されていた。

安倍晴明の晴明桔梗印は、あくまでも陰陽道の思想（三三頁、上段参照）を形に表したもので、他に何らかの意味を持っているということはない。

☯安倍晴明と式神

安倍晴明のエピソードを読むと、何らかの形で式神が出てくることが多い。式神については第弐章で詳しく説明するが、晴明が使っていた式神は十二神将《しんしょう》であったという。式神の形相が怖いと妻が訴えるので、しかたなく晴明は一条の戻り橋に式神を隠して、用ができたときにだけ呼び出していたという逸話がある。そのせいか、その後一条戻り橋は橋占《はしうら》といって占いのメッカとなった。

橋や通りが交わる辻などは、古来から異界への通り道であると考えられてきた。今でも沖縄などでは、通りが突き当たる袋小路は異界のものが溜まってよくないと考えられ、災いを避けるための石蟷螂《いしどうろう》を置いてあるのを見ることができる。

晴明が橋を選んだのも、こうしたことが関係しているのだろう。また、式神の居場所としても相応しいと言える。

晴明が並外れた式神使いであったというエピソードとして取り上げられる話は、

次の二つである。

まず、式神を使って人を殺せるかと僧侶たちに尋ねられたときの話である。

ある日、晴明は所要で寺に行ったとき、そこの僧たちはかねてから晴明が式神を使うことを知っていたので、その威力がどのくらい凄いものかその目で確かめたいと思った。

「あなたは式神を使うといいますが、式神で人を殺せるのでしょうか」

と僧たちが尋ねると、

「そう簡単にはできませんが、力を入れれば可能でしょう」と晴明は答えた。

その言葉に驚いた僧たちは是非ともその威力をこの目で確かめたいと思い、ちょうど庭にいた蛙《かえる》を見つけ、その蛙を式神を使って殺して見せてくれと晴明に頼んだ。

「蛙を殺すことなど簡単なことですが、私は生き返らせる方法は知らないし、いかなるものも殺生《せっしょう》しては罪になりますから、そのようなことはできかねます」

と晴明はやんわりと断った。

しかし、僧たちがあまりにも懇願《こんがん》するのにあきれた晴明は、

安倍晴明が使役したとされている式神（大阪・阿倍王子神社）

「そんなに私の力を試したいのですか、あなたたちも罪作りな人ですね」

と、しかたなく庭に生えていた草を一摘み千切って呪文を唱えると、そっと一匹の蛙の上に置いた。するとその蛙は、たちまち何かとてつもなく重いものに押し潰されたようになって死んでしまった。それを見た僧侶たちは驚くというよりは、その威力の恐ろしさに顔面蒼白《そうはく》になったという。

二つめは、智徳法師《ちとくほうし》という法師《ほうし》陰陽《おんみょう》師《じ》（陰陽寮に属さない、民間の陰陽師）が、晴明の力がどのくらいのものか試そうとやってきたときの話である。

ある日、晴明の家に老いた法師が二人

の童子を連れて訪ねてきた。法師は「あなたは陰陽道の大家でいらっしゃると聞いてはるばる播磨《はりま》からやってきたものでございます。是非、あなたさまに弟子入りしたく思うのですが」と言った。

晴明はこの法師が自分の力を試しにきたことを見抜いた。連れてきた童子も式神に違いないと思い、袖《そで》の内側で印《いん》を結び、心の中で「式神を召し去れ」と念じた。そして「急に言われても困ります、また日取りの良い日を選んで来てください、私でよければ何でも教えましょう」と丁寧に断った。

お礼を言って法師は帰っていったが、途中で連れてきた童子の姿をした式神がいないことに気がついた。あわてて晴明の家に逆もどりすると、「連れの童子がいなくなりました、もし、あなたさまがお取りになられたならば、お返しくださ い」と訴えた。「あなたもおかしなことを言いますね、なぜ私があなたの御連れを取らなくてはいけないのですか」と晴明はとぼけてみせた。

「申しわけございません、あなた様のおっしゃるとおりでございます」と法師は深々と頭を下げた。晴明が「よろしいでしょう、あなたは私を試そうとしてこんなことをしたのでしょうが、私には通用しませんよ」と言って呪文を唱えると、法師が連れてきた童子はたちまち戻った。晴明の力を目の当りにした法師は反省して、真剣に弟子入りを志願したという。

この二つのエピソードを見ても、晴明は積極的に自ら式神を使おうとしてはいない。どちらかと言うと相手側が晴明の式神の威力を知りたい、試したいという好奇心に対してやむなく使っているのだ。因みに晴明の家には式神がいっぱいいて、客に茶を出したり、掃除や洗濯などをさせていたという話も有名である。

鬼女・宇治の橋姫と晴明

男女間のトラブルもひどくなると目も当てられないものである。晴明もそんなトラブルを解決したことがある。ある時、夫に愛人ができたことを知った妻が生きたまま鬼になることを神社に祈願して鬼女に変身し復讐しようとした。

生きたまま鬼となり、夫と愛人を殺したいという妻の怨念はものすごく、夫の夢の中まで出てくる始末。そこで困った夫は晴明のもとに相談に行ったのである。

晴明は、このままでは鬼女にとり殺されてしまうと判断し、物忌《ものい》み（一定期間ある空間に閉じこもり魔から身を避けること）を行ってやる。しかし、晴明が守っているので、夫を殺せないと知った鬼女は、無闇やたらに人を殺し始めたのだ。困った朝廷は坂田金時、渡辺綱《わたなべのつな》に鬼女の征伐を命じる。二人は宇治橋で鬼女と戦いを繰り広げた。形勢不利と感じた鬼女は「自分を祀《まつ》ってくれるならばもう人は襲わない」と言って宇治川に身を投げてしまう。

このことを晴明に聞いてみると鬼女はもともと、宇治橋に祀られていた姫神だったが、人間として生まれ変わって夫の妻になったということであった。以後、京の人たちは鬼女の言う通りに、姫神のために神社を建てて手厚く祀ったという。この神社は橋姫神社といって今でも宇治蓮華《うじれんげ》に現存している。

一条戻り橋にまつわる伝説

安倍晴明が妻に言われて、式神を隠しに行った一条戻り橋は、とかく因縁めいた話の宝庫である。

この橋が舞台となる最も有名な話は、『平家物語』にも出てくる渡辺綱と鬼女

晴明神社に置かれた京都・堀川今出川に架かる一条橋の橋桁

の話である。夜な夜な美女に変身し、家まで送って欲しいと色香で誘惑しては男を喰い殺すという恐ろしい鬼女が戻り橋に出没する事件が頻発したのだ。ある日、渡辺綱が主人の源頼光の命で一条大宮へ出向いた帰り、途中ちょうど戻り橋を通りかかったとき、目の前に絶世の美女が現れた。

馬を止めた綱がその美女に近づくと、女は五条にある家に帰りたいのだが連れていってもらえないかと頼んできた。綱が承知し、女を馬に乗せて走り出すと、女は急に綱の髻《もとどり》をつかみ空へ舞い上がった。振り向くと女は鬼に変貌しているではないか。綱はすぐに自分の髻をつかんでいる鬼女の腕を刀で切り落としたが、鬼女は愛宕山《あたごやま》の方向へそのまま飛んでいってしまった。

綱が切り落とした鬼女の腕を見た頼光はどうしたものかと晴明に相談した。晴明は「七日間物忌みして、鬼の腕は厳重に保管すること、そして仁王経《にんのうきょう》というお経を唱えること」と忠告した。頼光は晴明に言われた通りにしたが、物忌みの最中にも関わらず、鬼女は頼光の母親に化けて現れ、綱に切られた腕を持ち去って行ったという話である。

藤原道長にかけられた呪い

日本史上最大かつ最長の権力を持っていた藤原氏であるが、その一族の中でも藤原道長《ふじわらのみちなが》という人は本当に運がいい人だった。道長は摂政《せっしょう》であった藤原兼家の五男として生まれたが、兄たちが次々と早世したので、ほとんど棚ボタ式に右大臣という力の座についたからだ。その後は娘を一条天皇に嫁がせ、天皇の外祖父として政治的権力を手中におさめる。

もちろん、こういうとんとん拍子で行く人は何かと人からやっかまれたり、妬《ねた》まれたり、挙句《あげく》の果ては恨《うら》まれたりするものだが、道長もその例にもれず大変に恨まれた。一番恨んだのが、道長の長兄である道隆の子であった藤原伊周《これちか》という人物だ。

本来ならば父の後を継いで、権力の座につけたものを道長のおかげですべてが水の泡になってしまったからだ。伊周の一族はそれから道長を呪いはじめた。伊周は本来ならば朝廷内でのみ行われる調伏法である、大元師明王法《だいげんすいみょうおうほう》を用いて道長に呪いをかけ、それが明かるみになって流罪《るざい》にまでなっている。

このようなあらゆる政敵から身を守るために、道長は日頃から大変気を使っていた。目に見える敵ならまだしも、目に見えない敵はどうにも防ぎようがない。そこで安倍晴明にお呼びがかかったのである。次のようなエピソードがある。

ある日、いつものように道長が愛犬とともに法成寺に散歩に行ったとき、なぜか愛犬が寺門の前で吠えたてて道長を中へ入れようとしなかった。不思議に思った道長はすぐに晴明を呼び事情を話した。

晴明は、

「この辺りの地中に呪いがかかった物が埋めてあります。もしその上を通ればあなたの命は無かったでしょう」

と教えた。晴明が呪物が埋まっている場所を見つけて掘ってみると、黄色のこよりで十文字に結ばれた土器を二つ合わせたものが現れた。土器の内側には深紅で呪いの一文字が書かれていた。

このような術を仕掛けられるのは道満以外いないと思った晴明は、確認のために紙で鳥の姿を作り、この土器を埋めた者のもとへ行くように命じた。白鷺《しらさぎ》に姿を変えた式神は南のほうへ飛んでいき、案の定、蘆屋道満の家にたどりついた。

式神を追っていった道長の家来に捕まった道満は、藤原顕光《あきみつ》に道長の呪詛を頼まれたことを白状して、きつい叱責を受けたという。

ただ、法成寺が建立されたのは、晴明の死後であるので、時代にズレが生じる。

しかし、安倍晴明の没年月日及び死因は未だ謎が多い。八十五歳まで生きたことは事実のようだが、晴明のいろいろなエピソードを見てみると、彼の生存期間と食い違うものが多くある。

その理由は、前述の道長とのエピソードをはじめ晴明に関するエピソードがほ

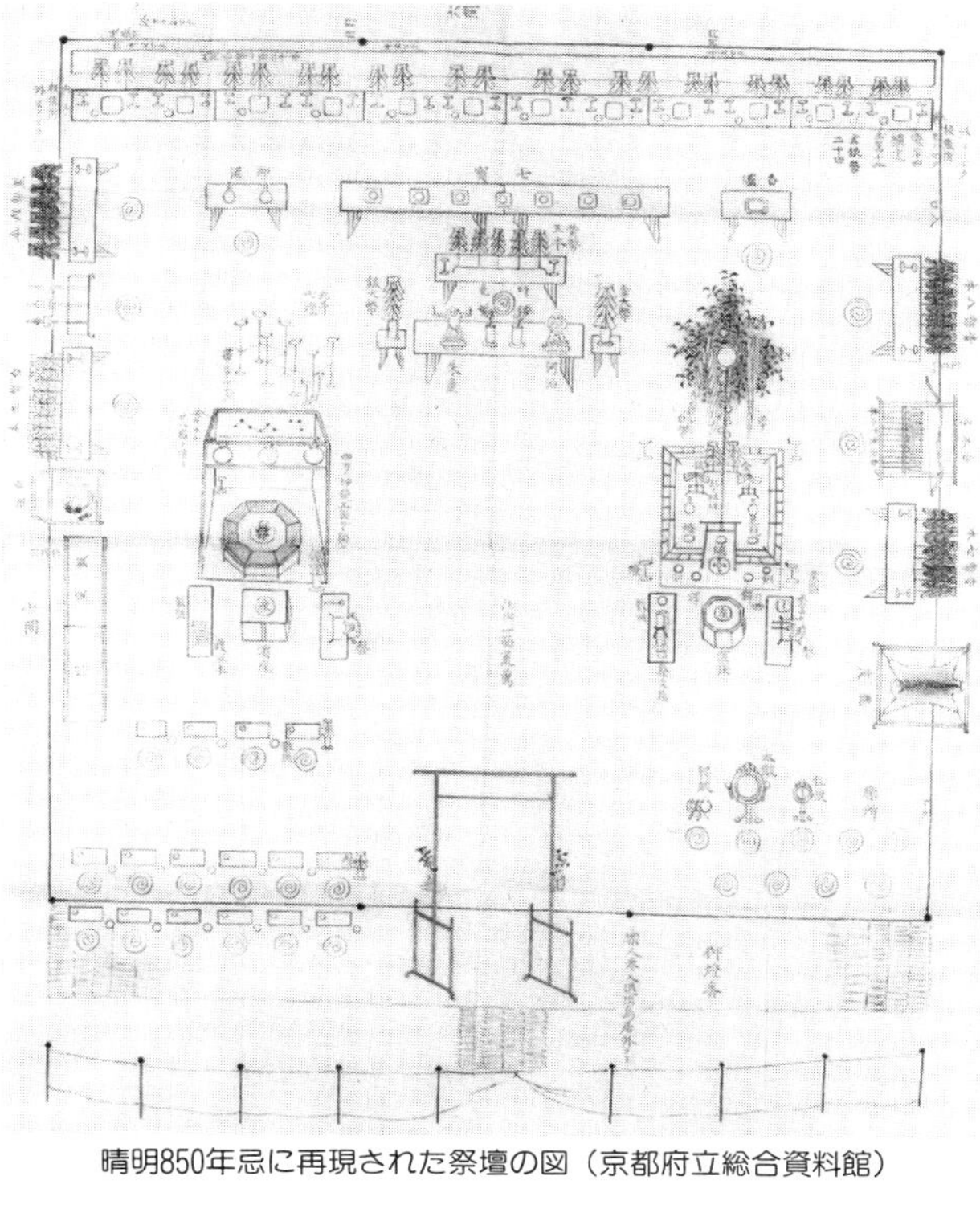

晴明850年忌に再現された祭壇の図（京都府立総合資料館）

とんど後世になって作られたものであるからである。したがって、出来事の起きた年月日などは正確なところは定かではないのだ。

もう一つに、晴明の復活説がある。本章末にくわしく述べるが、晴明の墓が日本各地に点在することも、それを物語るかのようだ。

晴明の復活談は『真如堂縁起《しんによどうえんぎ》』という文献に書かれている。それによると、晴明は一度死んだのだが、不動明王《ふどうみようおう》が閻魔大王《えんまだいおう》に交渉したおかげで復活したというのだ。復活した後、晴明はなんとそれから八十五年間生きたというのである。

このようなキリストの復活と似たような復活話は日本では珍しい部類に入るが、これも晴明が神秘的なベールに包まれている大きな原因となっている。

安倍晴明の生涯のライバル蘆屋道満

晴明に対して敵意をむき出しにした男、その名は蘆屋道満。存在感抜群で晴明伝説を語る上ではなくてはならない名悪役とも言える。とかくヒーローにとっては強力なライバルが不可欠であるが、蘆屋道満はまさにうってつけの役柄である。

ただし語られていることが実像だったとは限らない。なぜなら蘆屋道満についての史実的な資料はほとんどないからだ。実際の道満は播磨《はりま》出身の法師陰陽師であった。

法師陰陽師とは密教と習合した陰陽道の一種であり、主に民間に広まっていたものだ。だから安倍晴明の陰陽道と蘆屋道満が習得していた陰陽道とはかなり違いがあったと思われる。晴明のほうは陰陽寮の得業生を経て陰陽師となったエリートコースまっしぐらの人生だったのに対し、道満のほうは多分独学で術を極めた根っからのたたき上げだったからだ。

お互い陰陽道を極める道は違っていたものの、道満の呪術能力はかなりのものであったようだ。晴明も道満の呪術力には一目置いていたくらいである。

都で晴明の噂が広まるにつれて、道満のライバル意識は燃え上がった。そしてとうとう道満は晴明に術くらべを挑んだのだ。

ついに宮廷の庭で二人の術くらべが実現する日がやってきた。まず一回目の手合わせでは道満が先陣を切った。道満は庭の小石を一掴みすると宙高く投げて呪文を唱えた。すると小石が瞬く間に数羽の燕《つばめ》に変わったのだ。庭の上空を飛び回る燕を見上げて、公家たちは感嘆の声を上げた。してやったりと道満はにんまりと晴明を見つめた。

だが、晴明は表情を変えることなく、手に持った扇を軽く叩いた。その途端、飛んでいた燕は小石になって落下したのだ。この術くらべは同格といったところで終わった。

二回目の手合わせでは晴明が先手をとった。庭の一部に窪《くぼ》みをつくり呪文を唱えるとそこから水が噴き出し、水は殿上まで高く上がり辺り一面水浸しにしたのだ。それを見た道満は「こんな幻術に騙《だま》されはしない、晴明よ次が本当の勝負だ、負けたほうが弟子になるということでどうか」と言うなり、かしわ手をひとつ叩くと今までの水が嘘のように跡形もなく消え去ってしまった。

さて、負けたほうが弟子となるという最後の勝負にいよいよ突入した。

それは別室に用意されている、木箱の中身を言い当てるというものだった。箱の中には大柑子《だいこうじ》（夏蜜柑）が十五個入っていた。まず、道満が先に「箱の中身は蜜柑か大柑子が十五個入っているはずです」と答えた。正解である。よって晴明も同じ答えを言えば引き分けなのに、答えは違っていた。「箱の中身は確かに十

蘆屋道満との術比べで大柑子をネズミに変えた安倍晴明《北斎漫画》

五を数えますが、柑橘類《かんきつるい》ではありませんね、おそらくネズミでしょう」と涼しい顔をして言ったのだ。

勝ちを確信してほくそ笑む道満。箱の中身を知っていた公家も晴明が負けたと知ってはいるものの、やはりそれを認めたくないのかなかなか蓋《ふた》を開けようとはしなかった。

二人の前に木箱が運ばれてきた。道満は勝利の瞬間を固唾《かたず》を飲んで見守った。蓋が開けられた…。チュウ、チュウと変な音が聞こえてきた。木箱の中からネズミが十五匹ぞろぞろ出てきたのだ。道満は晴明にしてやられたことに気付いたが、後の祭りである。中身を知っていた公家も自分の目を疑った。勝負は見事機転を利かせ、式神を使って、中身の大柑子をネズミに変えた晴明の逆転勝利に終わり、道満は晴明の弟子となったそうである。

☯安倍一族の栄華を築いた人々

安倍晴明の死後、その子孫である安倍氏は晴明の業績を引き継ぎ賀茂氏と並ぶ陰陽道の宗家に発展する。

室町時代には居住地名から土御門《つちみかど》家と名乗るようになり、源氏や平氏ら武家が台頭してきた時期にはその占術は高く評価された。安倍泰親《あべのやすちか》などは、平清盛《たいらのきよもり》の娘の徳子《とくこ》が懐妊《かいにん》していることを推条《すいじょう》という占術で誰よりも早く予言して、それが見事的中し清盛を喜ばせている。

推条とは、晴明の時代から代々秘伝とされてきた占術で、人との会話の中から天の意を推し量るという、高度なテクニックがなければできない占術なのだ。秘伝とされている術を、代々絶やすことなく伝えてきた。それは晴明の子孫達が晴明に劣らず陰陽道的センスに溢れた人々だったからである。

まず、安倍晴明には吉平《よしひら》と吉昌《よしまさ》の二人の息子がいた。二人は晴明ほど名を知られていないのは事実だが、陰陽師としては父の名に恥じない素晴らしい功績を残している。

長男の吉平は陰陽寮で陰陽得業生になり、その後、陰陽博士を経て陰陽助《おんみようじよ》(陰陽寮次官)まで歴任している。官職としても従四位で、これは晴明よりも官位は上である。父同様に藤原道長や皇室とも深く関わっていた。

次男の吉昌も幼い頃から優秀で、父の兄弟子であった賀茂保憲にその才覚を認められ、天文得業生に推薦されたという。その後、天文博士となりついに陰陽頭（陰陽寮長官）になっている。

陰陽頭は父もなれなかった役職であるから、もちろん親の七光りという影響はあるとしても立派な経歴である。

つまり晴明の子供の世代には、陰陽道は賀茂氏にかわってもう安倍一族がほとんど主導権を握っていたのだ。時は移り戦国時代には賀茂氏のほうは後継者がいなくなり、安倍一族が完全に陰陽道を独占したのである。

☯日本各地にある安倍晴明伝説の謎

安倍晴明と言えば都で活躍した人物というイメージが定着しているが、晴明にまつわる伝説は日本各地に点在している。晴明の出身地でさえ大阪、香川、茨城であるという諸説があり、その真相はいまだ謎に包まれたままなのだ。

日本各地には晴明塚と呼ばれるものが東北地方から九州地方にまで存在してい

京都上京区堀川通りの晴明神社

る。塚とはもともと墓という意味も含まれているから、各地に晴明の墓があるということになる。同様に各地には、晴明が残した数々の伝説が、今もなお語り続けられているのだ。

　まず東北地方だが、福島県に晴明の伝承がいくつか残っている。晴明塚こそ現存していないが、この地でかって晴明は神社を新たに祀ったと伝えられている。その神社とは、福島市内にある福島稲荷、石森神社、伊達郡にある神明宮などである。

　関東地方になると晴明縁《ゆかり》の地は多い。茨城県には晴明が生まれ育ったという伝承が残っている。しかも茨城県内には二ヵ所も晴明の出生地があるというのだ。一つは真壁郡明野町猿島で、もう一つが新治郡八郷町吉生という場所である。

晴明が茨城県出身と伝える文献は『簠簋抄《ほきしょう》』や『晴明伝記』であるが、それによると晴明はこの茨城で五、六歳の頃まで暮らしていたと伝えられている。

ちょうどその頃、陰陽道の大家で知られる吉備真備《きびのまきび》は、自分の後継者を見つけるため諸国を巡っていた。晴明を猿島の地で見つけ、その才能に自分の後継者は安倍晴明以外にはいないと感じ、『金烏玉兎集』という陰陽道の秘伝書を晴明に授けたという。

その後、晴明は鹿島神宮にいたとき、京から飛んできたカラスと鹿島のカラスが天皇の病気のことを噂話しているのを耳にする。それは、天皇の病の原因は御所の寝殿を造営するとき、鬼門（東北）の方角の柱の下に蛙と蛇が閉じ込められてしまい、両者がいまだに争い続けていることが原因というものだった。

晴明は急いで京へ出向き、そのことを上奏するが、はじめはまったく相手にされなかった。しかし、どんな陰陽師も天皇の病を治すことができないので、やむなく晴明の言う通り鬼門の柱の下を調べてみると蛙と蛇が出てきたのだ。すぐにそれを取り出すと天皇の病はたちまち治り一躍、晴明の名は京中に広まったという話である。

さて、関東では茨城以外にも晴明伝承はまだまだある。

千葉県銚子市に参拝するとかならず大漁となるという晴明稲荷がある。栃木県佐野市では平将門を討伐《とうばつ》したとされる藤原秀郷《ふじわらひでさと》を祖とする山内首藤《やまのうちすどう》が築城の際、井戸に水を貯めるために晴明を呼び、日光男体山の山頂で雨乞いの呪術を行ってもらったという話が残っている。

神奈川県の鎌倉市にある八雲神社にも晴明石と呼ばれる石がある。この石を晴明石と知って踏めば足が不自由になり、知らずに踏むと足が丈夫になると言い伝えられている。

中部地方の愛知県にも晴明神社がいくつかある。名古屋市千種区晴明山に晴明が住んでいたという場所に晴明神社がある。また、岡崎市には晴明神社が二社もある。南設楽郡には晴明が滝行の場として使ったと言われる阿寺の七滝がある。

信濃地方には少し変わった晴明伝説がある。長野県南安曇郡安曇村の稲核地区の旧家では今でも正月に門松《かどまつ》を立てない。これは晴明がこの地で火難除けの呪術を行った際に言い残したことが原因と言われているが、なぜ門松を立ててはいけないのかという真の理由は今もってはっきりしていない。

北陸地方にも晴明神社が二社ある。

福井県敦賀市の晴明神社には晴明が火災除けの祈禱をする際に使ったという六角形の石が御神体となっている。福井市木田にある晴明神社には晴明の手形が長く保管されていたという。

また、福井県は晴明の末裔《まつえい》である土御門家とも縁が深く、土御門家は後に京から遠敷郡の舞々谷に移り住んでいるのだ。今でも遠敷郡名田庄村には暦会館や土御門家遺跡が残っている。

関西地方はやはり安倍晴明の本拠地であっただけに晴明に関係する神社は多い。大阪阿部野区には晴明誕生の地といわれる安倍晴明神社があり、この神社の境内には晴明の父である保名を祀った泰名稲荷神社もある。毎年、晴明の命日九月二十六日には晴明の命日として晴明祭が行われている。そのすぐ近くにある阿倍王子神社の境内には安倍晴明誕生伝承地の碑が立てられている。

和泉市にある信太森葛《しのだもりくず》の葉《は》稲荷神社は、晴明の母と言われる白狐の化身である葛の葉姫を祀っている神社である。子供の夜泣きを治すことに霊験があると伝えられている。

奈良県には桜井市安倍山に安倍晴明の祖先である安倍一族氏寺である安倍文殊院がある。ここでかって晴明は天文の観測をしたと伝えられており、晴明の木像も置かれている。

中国・四国地方にも晴明に関係する遺跡や神社が数多く存在している。岡山県浅口郡金光町にある日吉神社は、晴明により祀られたと伝えられ、その近くには晴明が天体観測をしたという晴明月見の岩が残っている。鴨方郡の阿倍山には五行石というストーンサークル（環状列石）があったと言われ、ここでも晴明は天文研究をしていたというが、今はその石もひとつしか残っていない。

四国の讃岐《さぬき》（今の香川県）にも晴明誕生の地としての伝承がある。讃岐地方のいろいろな伝承をまとめた『西讃府志《さいさんふし》』には、晴明が讃岐の香東郡井原で生まれたとされている。また、晴明が公用で讃岐を訪れたときのこと、夜間、式神に松明を持たせ前を歩かせていると、ちょうど善通寺の門前に差しかかろうとしたとき、突然式神が消えてしまった。しかたなくひとりで晴明が門前を通りすぎると消えた式神が現れ、善通寺の山門の額は弘法大師が書いたもので四天王が守っているから前を通れず、回り道してきたと晴明に詫びたというような伝承が残っている。

高知県香美郡物部村は現在もなお、いざなぎ流という呪術を伝承している村であるが、今でも祭文の中に晴明や道満の名が入っており、また、昔は晴明の舞という神楽《かぐら》が舞われていたという。

九州にも晴明の痕跡はいくつか見られる。福岡県八女郡黒木町には晴明の塔と呼ばれるものがあり、かって晴明がこの塔の下に水の護符という火除けの護符を埋めたという伝承が残っている。同県の前原市神在には晴明が掘ったという晴明井戸がある。この井戸の水は難産に効験があるとされ、また火事のときに笹をこの井戸水に浸して振るとすみやかに鎮火させる効験もあると言われている。

ここで紹介した以外にも晴明縁の地はたくさんある。しかし、なぜ、このように各地に点在しているのかは定かなところはわからない。安倍氏の末裔が日本全国に分散したのが原因かもしれないが、古くから安倍晴明が聖人または聖者として各地で崇《あが》められていたことが多くの晴明伝説を生んだのだろう。

第弐章
陰陽道のルーツを探る

☯陰陽道のルーツは中国神話の中にある

陰陽道《おんみょうどう》とは文字通り「陰」と「陽」の二つの相対する宇宙に満ちた気を中心に発展していった思想または宗教である。宇宙の真理は天と地、昼と夜、男と女、表と裏、明と暗など自然界の中のあらゆる相対的な現象の中に見出せるとされ、ここからさらに五行《ごぎょう》（木《もく》、火《か》、土《ど》、金《ごん》、水《すい》）という五大元素が生まれ、この五つの元素の相互関係からあらゆるものが生成されると考えられたのである。

この陰陽道の起源ははっきりしていないが、その思想の萌芽《ほうが》は太古の昔から見られる。なぜなら、中国神話の中には、陰陽道的発想と見られるような話がいくつも出てくるからだ。

中国神話の始めは、次のように書かれている。

「太初には何もなかった。ただ一種の気が広がり満ちていて、やがて天と地が別れた。天と地は陰陽に感じて盤古《ばんこ》という神を生んだ。その盤古が死んだ時に、その身体がいろいろなものに変化して天地の間に万物が備わるようになった」

ここで言う「陰陽に感じて」とは、陰陽の気の働きによって、盤古という神様が生まれたという意味に解釈できる。そして他の自然物は、その神の死体から生まれたと言っているのだから、陰と陽という二つの気のファクターというものが、いかに重要なものであるかがわかる。

これは『旧約聖書』の中にある天地創造神話とは明らかに違っている。『旧約聖書』ではすべての始まりは、すべてのものを創造した神になっているからだ。

中国神話では、すべてを生み出す神は陰陽の気により生じた神であり、陰陽の

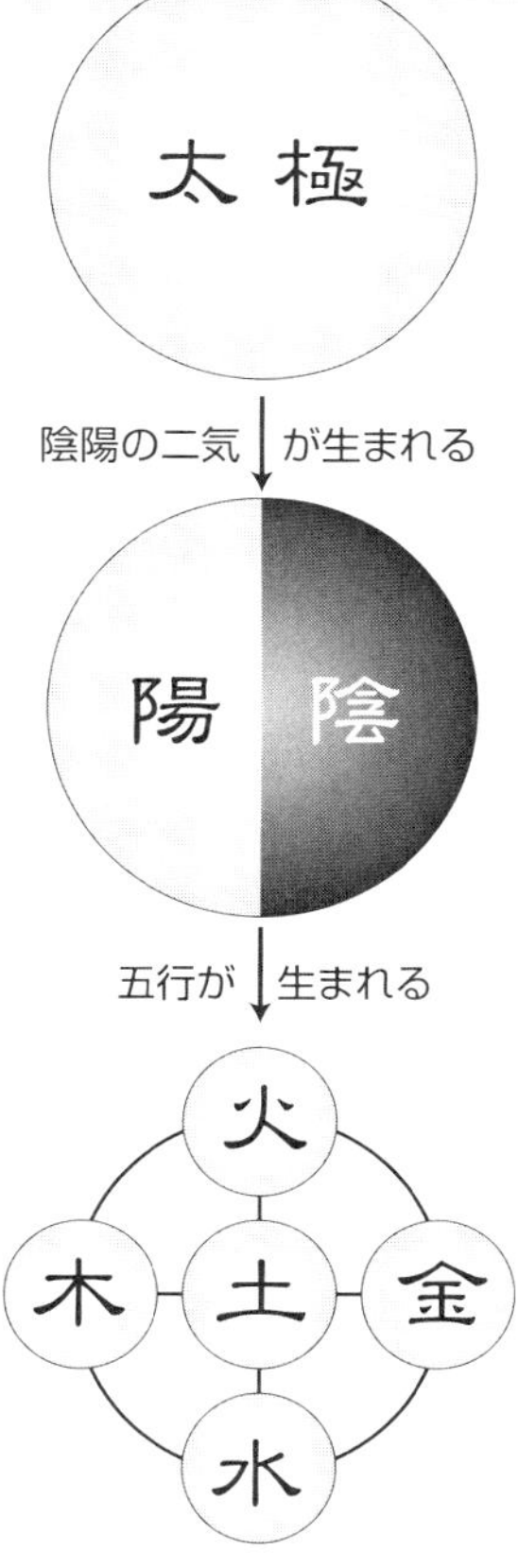

この五行が、運命を決定する

気がなければ神も出現しなかったからだ。もちろん、陰と陽が分かれる前にも「太極《たいきょく》」と呼ばれる混沌《こんとん》とした状態があったことも陰陽道では教えているが、それでもやはり陰と陽の二気の働きこそ重要で、そのメカニズムを解明することが、陰陽道の重要な役割だったのだ。

陰陽道の中核となる考え方に陰陽五行説がある。この説は少なくとも儒教《じゅきょう》や道教、または密教、その他の民間習俗などと結びついて発展していったことは間違いない。

徹底した現実主義の儒教と、陰陽五行説が結びついたことに矛盾を感じるかもしれないが、後に述べる「易《えき》」などはかなり高度な理論を展開しており、宗教というよりむしろ学問として、当時の知識階級の人々に受け入れられたのである。

他にも陰陽道は天文学、暦《こよみ》などの制作にも大きな貢献を果たしている。このように陰陽道は、単なる呪術宗教ではなく、理論体系化された高度な理論を有する宗教でもあるのだ。

ただし、陰陽道がオカルティックな要素を持っていることも、また事実である。それは陰陽師《おんみょうじ》が恐るべき威力をもった呪術を使役し、式神《しきがみ》や鬼神《きしん》を操り、人を呪詛《じゅそ》して死に至らしめる、といったホラー小説の題材などにうってつけのパフォーマンスを数多く展開してきたからだ。

この呪術的側面は、陰陽道が道教や密教などの他宗教と結びついたことも、大きく影響している。道教の神仙《しんせん》思想、密教の秘術などとうまい具合いに習合して、独自の呪術的分野を確立させていったのである。

陰陽道は今でこそ道教や密教に比べると、やや目立たない宗教と見られがちである。なぜなら陰陽師たちは、全宇宙の構造を明らかにしようと必死になって考え、人間生活にとって有効な知恵をたくさん生み出したものの、信者を増やすなどという現実的なことにはあまり興味がなかったからである。日夜、陰陽師は、真理追求のために呪術や占術の技を磨いていたのである。陰陽道とは、実はとても哲学的で深遠な宗教なのだ。

陰陽道の礎《いしずえ》を築いた人々

古代中国の諸子百家《しょしひゃっか》の中に「陰陽家《おんみょうけ》」と呼ばれる人たちがいた。諸子百家とは戦国時代（BC四〇四年〜二二一年）に、大量に現れた知識階級出身の浪人《ろうにん》集団のことである。

彼らは、戦乱のさなか武力を売り物にするのではなく、頭脳でもって列国の君主に戦略や政治経済的な知恵を貸す参謀《さんぼう》役を担っていた。その主な流派は「儒家《じゅけ》」「道家《どうけ》」「陰陽家《おんみようけ》」「法家《ほっけ》」「名家《めいけ》」「墨家《ぼくけ》」「縦横家《じゅうおうけ》」「雑家《ざっけ》」「農家《のうけ》」の九つもあった。

戦国時代中頃、その陰陽家の鄒衍《すうえん》という人が、陰陽説をはじめて創唱したことが陰陽道の始まりと言われているが、他の流派の人々も比較的自由に陰陽説を説いていることから見ても、陰陽説が陰陽家独占の思想というわけではなかったようだ。

陰陽説とは世界には陰気と陽気という二つの気が満ちており、万物はすべてこの二つの気から生まれているという説である。ここで言う気というのは、ガス状の微粒子のようなもので、この気の密度がまばらなときは軽いので宙に浮き天空を作り、気の密度が高くなるにつれて重く、固体化（土や金属）すると考えられていたのだ。

人間も同じように、口から天の気を吸うことで、血や骨肉または精神までもが作り出されるとされていた。陰陽二気に対する考え方は次第に体系化されて、後にまとめられたものが『易経《えききょう》』という書物である。

『易経』は儒教の経典である『五経《ごきょう》』（詩、書、易、礼、春秋）の中の一つであるが、永久不変の真理を著した書として、人間の運命を予知し、これに対処する適当な方法論が述べられている中国最古の占いの本でもある。

内容は主に陰陽説を中心にして万物がどのように作られていくか、そのメカニズムが詳しく書かれており、当時としては最新鋭の化学書としても読まれていたという。

五行の相生と相剋の関係

古代中国で知識階級に陰陽説が広まった後しばらくして、今度は「五行説」が現れた。この説も鄒衍が創唱したと言われているが、正確なところは定かでない。

五行とは人間生活にとってなくてはならない自然物を指し「木、火、土、金、水」の五つの要素を表すものだ。

この五行は、地上にあるすべての物を構成していると考えられ、それが陰陽説と合体して「陰陽五行説」が新しく出来上がった。

物質を作り出す陰と陽の気の配分は、木は陰少陽多、火は純陽、土は陰陽が等しく、金は陰多陽少、水は純陰とされた。

陰陽五行の気によって生じたあらゆる物は常に流動的（循環的《じゅんかんてき》）で静止した状態にとどまらず、時期によって、変化または交代するものと考えられていた。

たとえば時代でさえも、あるときは陽の気が勢力を持っている時代があればやがては陰の気が勢力を増し、最終的には陰陽が交代して今度は陰の気が勢力を持つ時代がやってくるという見方である。

この流動的な気の変化は急激に起きるのではなく、たとえば夜（陰）が明けて朝になり、やがて昼（陽）になるときも急に明るくなるのではなく、朝方や夕方があって、徐々に明るくなったり、暗くなるのと同じに陰と陽の変化は緩やかであると考えられていたのだ。

また、この五行にはお互いに力関係があり、それを相生《そうせい》、相剋《そうこく》の関係として表

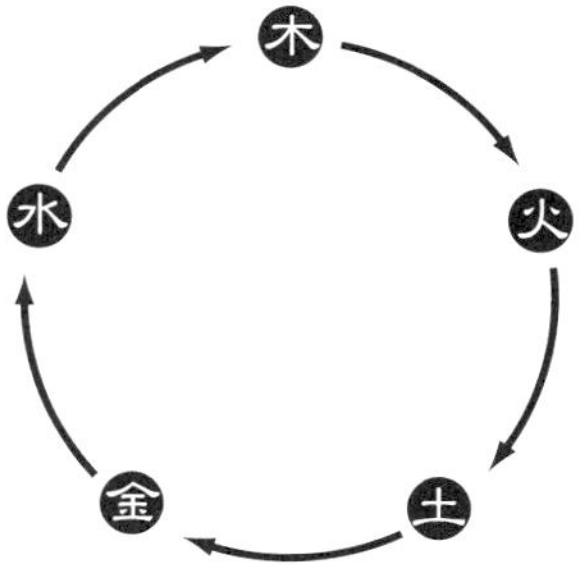

◉五行相生図

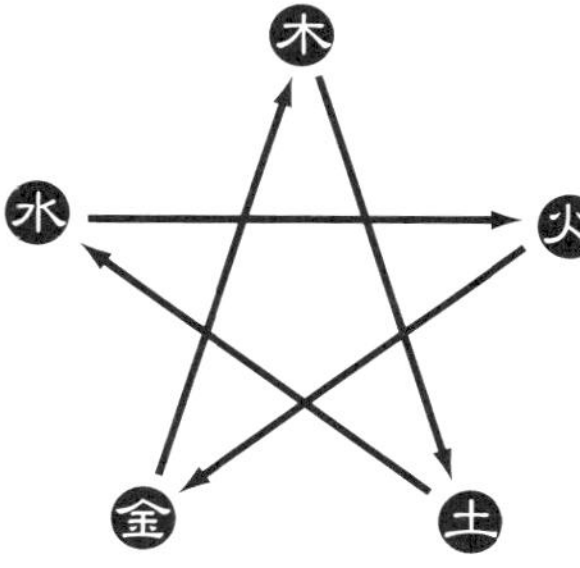

◉五行相剋図

している。

　まず相生とは木火土金水の五つの要素が互いにうまい具合いに、循環している関係を示すものである。

　木は火によって燃える。そこで生じた燃えカスはやがて土に変化する。土の中から金が取れる、金の表面には水が生じる。そして水は木を育てる。という、お互いに持ちつ持たれつの関係を表しているのだ。

　その反対に相剋の関係とは、木は土の養分を吸い取って成長し、土は水の流れを妨げ、水は火を消す。火は金を溶かしてしまい、金は木を切るのに用いるという、どちらか一方にとってマイナスに作用する関係を表している。

この陰陽五行説はさまざまな占いの基本となっており、易をはじめ、四柱推《しちゅうすい》命《めい》、気学など、ほとんどの東洋の占いに大きな影響を与え、基盤となったのは紛《まぎ》れもない事実である。

五十歳以下は読んではいけない易経の謎

陰陽道は古代中国では連山《れんざん》（夏《か》王朝時代）または帰蔵《きぞう》（殷《いん》王朝時代）などと呼ばれていたが、これらの名称はいつのまにか自然消滅する。その後周《しゅう》王朝時代（紀元前一一〇〇年頃）に「易占《えきせん》」として体系化され復活したのである。

時代劇の中で街路に机を出し、竹の棒をジャラジャラならして人の運勢を見ている易者が現れたりするが、あの占いが易占なのである。

易占は筮竹《ぜいちく》（竹の棒）五十本と算木《さんぎ》を使って人の運勢を占うもので、筮竹には陰と陽を示す記号が刻まれている。

さて、その起源であるが太古の昔、人頭蛇身《じんとうじゃしん》の超能力者であり、神としても崇

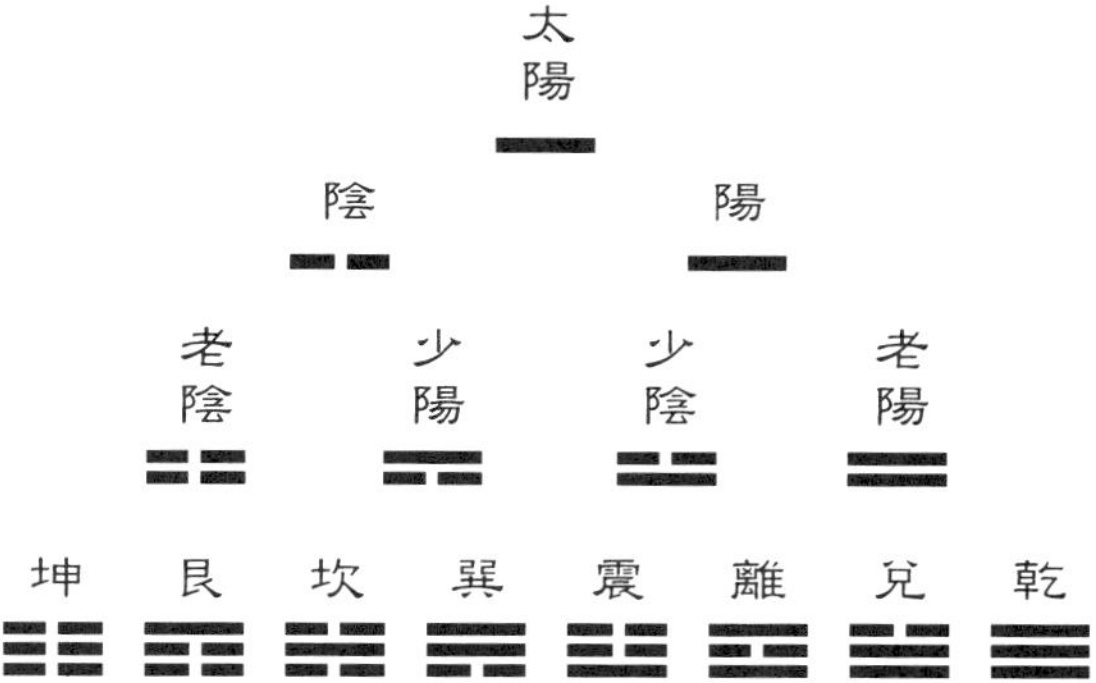

八卦の成立

拝された伏儀《ふくぎ》なる人物が山奥の暗い森林の中で神憑《かみがか》り、宇宙の根源の姿をビジョンとしてとらえたことを基に作られたと伝承されている。

伏儀が霊感で得た宇宙のビジョンは「先天八卦図《せんてんはっけ》」という図で表され、その図をわかりやすくするため、二つの記号が考案された。陰を⚋の記号（陰爻《いんこう》・女、暗さ、弱さなどマイナスのニュアンスを持つものすべて）、陽を⚊の記号（陽《よう》爻《こう》・男、明るさ、強さなどプラスのニュアンスを持つものすべて）の二つである。

伏儀は陰と陽の記号の全組み合せ「四《し》象《しょう》」と、それにもう一つ記号を加えた三本ずつの組み合せ「八卦《はっけ》」を基本として

「先天八卦図」を作った。
　八卦とは乾《けん》☰、兌《だ》☱、離《り》☲、震《しん》☳、巽《そん》☴、坎《かん》☵、艮《ごん》☶、坤《こん》☷で表され、おのおのが卦象《けしょう》（シンボル）と卦徳《けとく》（性質）を持っている。
　このひとつひとつの卦にはすべて意味があるとし、それをまとめて卦辞《けじ》という解説を加えたのが周の文王で『後天八卦図』が完成した。最終的にその二つを総合して解説をしたのが孔子であり、それが『周易《しゅうえき》』と呼ばれたものである。
　八卦の卦徳《けとく》を簡単にまとめると、だいたい次のようになる。

【乾】すべて陽を表し、広さ、強さ、最も大きいもの、気高さなどを象徴している卦である。

【兌】乾に近づく状態を示し、みずみずしさ、若々しさ、可憐さなどを象徴している卦である。

【離】陰から陽に転ずる中間を示し、明朗、知性、芸術、美しさなどを象徴している卦である。

【震】陰から陽へ変化する状態を示し、驚き、影響力、行動力などを象徴している卦である。

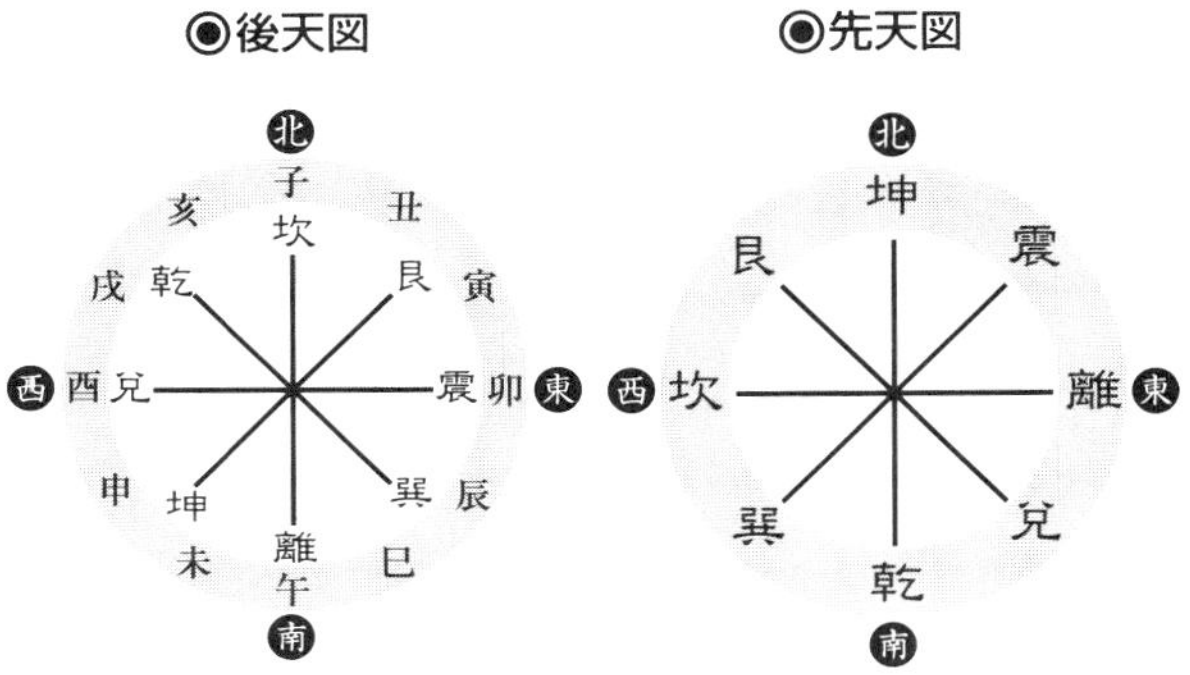

八卦図

【巽】陽の状態に少し動きが出てきたことを示し、軽やかさ、柔軟性、流動性などを象徴している卦である。

【坎】陽から陰に転ずる中間を示し、思索的、教養、沈着冷静さなどを象徴している卦である。

【艮】ほぼ陰の状態になったことを示し、落ち着き、高尚《こうしょう》さ、風格などを象徴している卦である。

【坤】完全に陰になった状態を示し、静的、包容力、穏やかさなどを象徴している卦である。

これらが八卦の基本的なイメージであり、これらの卦を総合して何らかの回答を導き出すことが易者の役割なのだが、当然のごとく、そこには占う者の資質が問われてくる。占う者の直観力や洞察力が鋭く、また深ければ深いほど卦の解釈に重みが出てくるからだ。したがって、易占を行える者の資質はかなり高度な知識と経験がなければならないのである。

安倍晴明《あべのせいめい》も陰陽道オリジナルの式占《ちょくせん》という占いよりも実際は易占のほうを好んでいたとも伝えられている。また、晴明と親しかった藤原道長《ふじわらのみちなが》も『周易』を好み、自ら占うこともあったと伝えられている。

この易占は昔から驚くほど的中すると言われ、儒教の祖である孔子も論語の中で「五十易を学べば、もって大過なかるべし」と書いている。この意味は、おそらく人生の酸いも甘いも知るような年（五十歳）にならなければ易占の奥深さはわからないということだろう。そのせいか日本では長い間五十歳以下の人が易を学ぶことはタブーとされていたという。

凶兆星を読みとく陰陽師

陰陽師は易占のような占術だけでなく、天体観測や暦に関する知識が豊富であ

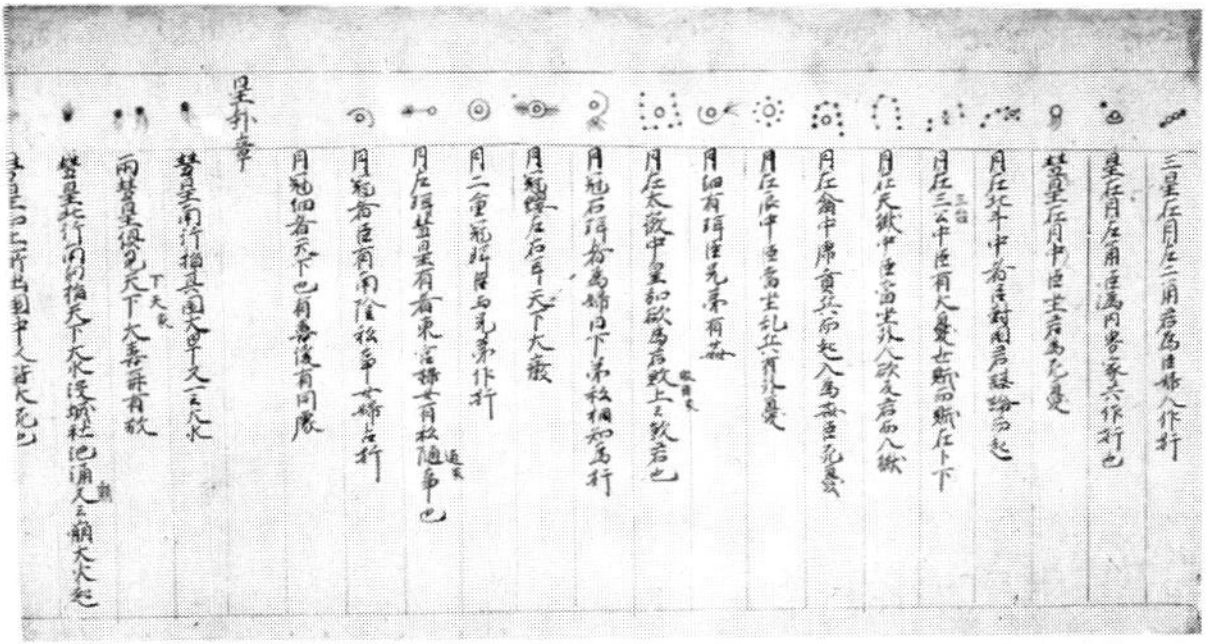

天文の異変の例を表し、占文の書かれた《星官簿讃》
（京都府立総合資料館蔵）

った。なぜかというと、中国文明は伝統的に「すべてのものは天が支配している」という観念があり、何人たりともこれに逆らうことはできないという思想が根づいているからだ。

それゆえ天体になんらかの動きがあると、地上も必ずその影響を受けてなんらかの変化が必ず起こると信じられてきたのである。だから、天体の変化をいち早く観測できる高度な技術を持った陰陽師は天文博士《てんもんはくじ》とも呼ばれ、太陽や月、その他の星などの運行の規則性に基づいて、悠久《ゆうきゅう》の時間の流れの中に刻《きざ》みを入れていったのである。

当然のごとく権力者は、刻々と変化す

る天体の動きに大変気を使った。もし、日食や月食または流れ星などが認められれば、それは天が地上へなんらかのサインを自分たちに送っていると思っていたからだ。

天空に現れたサインが、もし陰陽師の判断で悪い兆しと判定された場合は、君主たちは身を慎み、今までの悪政を正して、天に対して敬虔《けいけん》な反省の祈りを捧げた。後にそれが星祭りになり、民間にも広く行き渡っていったのである。

星祭りというのは陰陽道特有の祭祀《さいし》である。正確には星辰祭《せいしんまつ》りと呼ばれ、辰《たつ》は万物に恵みを与える神、龍神《りゅうじん》を意味している。

さて天のサインを陰陽師は本当に受け取ることができたのだろうか？ 次のようなエピソードが残っている。文治元年（一一八五年）の元旦のこと陰陽師の安《あ》倍広基《べのひろき》は、巽（東南）の方角に陰陽道で蚩尤旗《しようき》（古代中国の武将の名）と呼ばれる彗星を見つけた。陰陽道では、東南の方角にこの彗星が認められると旧体制が崩れ新しい権力者が現れるという兆しだったのである。

時代は源氏と平氏の戦いがエスカレートしている真っ只中、広基の予言は物議を醸し出したが、これは見事的中した。それからわずか三ヵ月後に平家は壇の浦で滅亡したのだ。やはり、陰陽師の天体観測技術は確かなものであったのだ。

☯十干十二支の本当の意味

聖《ひじり》という言葉があるが、この語源は「日を知る」という意味である。東洋では、聖人とはこのように日の吉凶を知る人たちを指した言葉だったのだ。

今でも、大安吉日に結婚式を挙げる人が多いのを見てもわかるように、日を選ぶ習慣は、我々日本人の中の深層心理にも、大きく浸透している。この習慣を最初に定着させたのも、実は陰陽師なのである。

陰陽師の中には、先に述べた天文博士と同様に、暦博士と呼ばれた人たちがいた。彼らの仕事は、主に観測した天体を基に暦を製作することであった。暦の基本もやはり陰陽五行説であり、年月や時間などはすべて十干《じゅっかん》、十二支《じゅうにし》を使って表されていた。

十干とは「甲《きのえ》、乙《きのと》、丙《ひのえ》、丁《ひのと》、戊《つちのえ》、己《つちのと》、庚《かのえ》、辛《かのと》、壬《みずのえ》、癸《みずのと》」であり、これは天の気を表し、十二支は言うまでもなく「子《ね》、丑《うし》、寅《とら》、卯《う》、辰《たつ》、巳《み》、午《うま》、未《ひつじ》、申《さる》、酉《とり》、

◉十二支と陰陽五行の関係

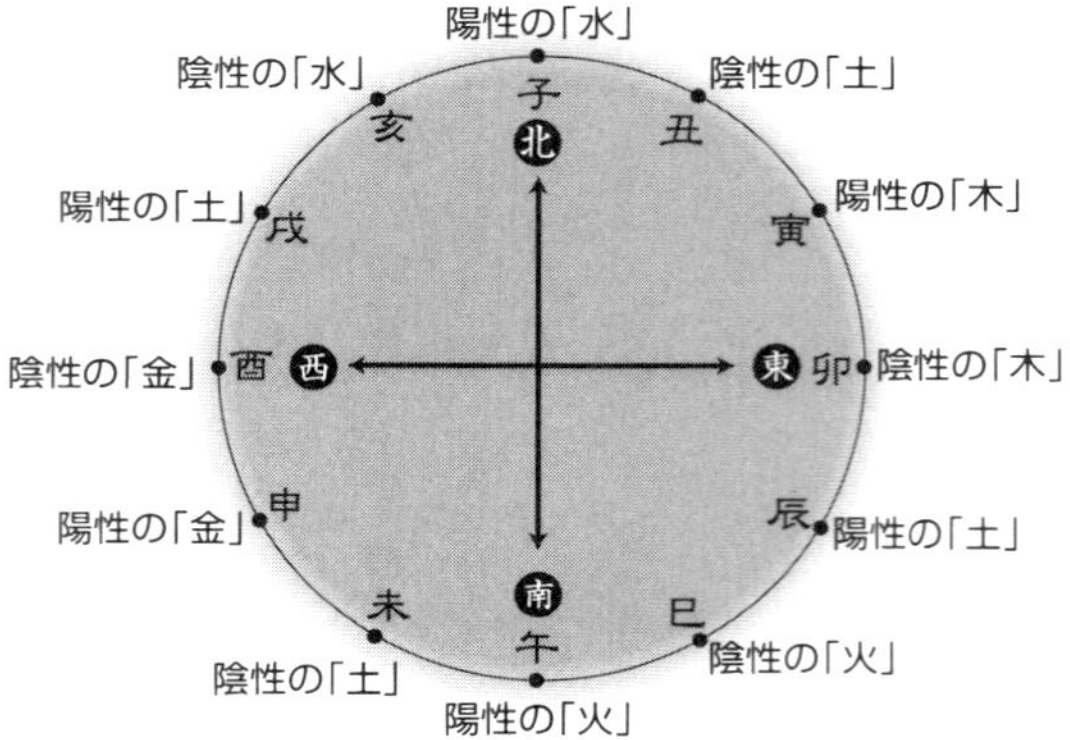

戌《いぬ》、亥《い》」であり、地の気を表している。

　これらの十干十二支は草木が発生してから繁茂《はんも》して、枯れていくまでの過程を十または十二の段階に分けて説明したものである。子は種の内の新しい生命力が萌し始めた状態。丑は種の内の萌芽がいまだ充分に伸びえないでとどまっている状態。寅は種の内の生命力が殻を破り草木として春に発生する状態。卯は草木が地面を蔽《おお》うようになった状態。辰は草木が整い活力が旺盛の状態。巳は草木の繁茂の極限状態。午は草木の繁茂の極限をすぎてやや衰えはじめた状態。未は草木に実った果実が成熟して滋味を生じる状態。申は草木に実った果実が成熟して固まっていく状態。酉は草木に実った果実の成熟が極に達した状態。戌は草木が枯れている状態。亥は凋落《ちょうらく》した草木の種の内に新たに生命が現れた状態、という意味が込められているのだ。

この十干と十二支を組み合わせると六十通りのパターンができるが、これを六十干支と呼び、陰陽道ではこれを基本にして日の数え方と紀年法が決められているのである。

晴明が著した『占事略訣』

陰陽師がよく使った占術に式占というものがある。これは天体を象徴した丸い盤と地上を表した正方形の盤の二種類を使う占術で、盤の上には十干十二支、陰陽道の神々や星神の名が記されていた。

この二つの盤を重ね廻して出た組み合せで判定するもので、太乙《たいおつ》、雷公《らいこう》、遁甲《とんこう》、六壬《ろくじん》という占い方法があった。方法によりそれぞれ違う盤を使っていたらしいが、主に使用されていたは六壬式であったと言われる。

安倍晴明も『占事略訣《せんじりやくけつ》』という占法を解説した本を著している。これは占う時間と占う月の十二支と占う日の干支からある計算をするものであるが、その計算によって出される答えは七百二十もあるのだ。それゆえこれも易占同様に、熟練を積まねば正確に占うことは困難であった。

この占いはかなり複雑なので、日本では十世紀以後は次第に衰退して、いまではあまり知られていない占術になってしまった。

次に、個人がその年にどんな運勢であるかを知りたい場合は、九曜占《くようせん》が行われた。「日曜星、月曜星、羅睺《らごう》星、土曜星、水曜星、金曜星、火曜星、計都《けいと》星、木曜星」の順で九つの星が巡り、自分の数え年がどの星に当たっているかで判断するという占術だ。

たとえば生まれた年が日曜星ならば、二歳になれば月曜星、そして十歳になるとまた日曜星が巡ってくるという具合いに占うものである。十歳以上の年齢の場合は一桁と二桁目を足して一桁にして判断していた。各星ごとに吉凶があり、その星の特性を知って自分の行動を律するための占術である。

陰陽道には方位占術もある。これは八将神《はっしょうしん》（八将軍）と呼ばれ、陰陽道の

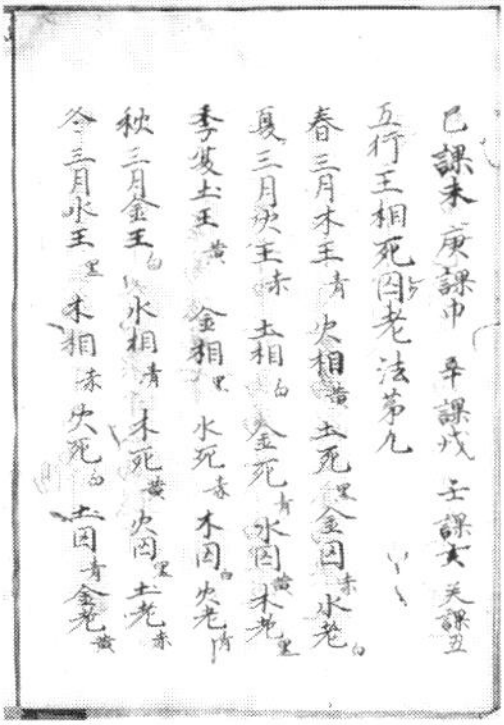

安倍晴明が占法の秘術を解説した《占事略決》
（京都府立総合資料館蔵）

神々が十干十二支の法則にのっとって、年々方位を変えて廻っていると考えられたことからできた占いである。陰陽師はどの方位にどのような性質を持っている神がいるかを判定して、その吉凶を下したのだ。

少し特殊な占術として「見通《みとおし》占《せん》」というものがある。安倍晴明もこの占術に優れていたと伝えられているが、これは相談者が陰陽師のところに来る以前に、すでに相談者の用件や性格などが、すっかりわかっているという驚くべき術である。

ただし、これは相談者が訪ねてきた日と方角を十干十二支の法則から判断していたもので、恐るべき霊能力で見通していたわけではないのだ。
その他にも陰陽道には、後に風水として定着する地相や家相を占うメソッドもあり、その伝統は現代でもさまざまな占いの中で生き続けている。

祭祀は約百五十種もあった

陰陽五行説は、継体七年（五一三年）に百済《くだら》の五経博士《ごけいはくじ》・段楊爾《だんようじ》の来日したことを契機に日本に流入する。その後、欽明《きんめい》朝の時に暦博士《こよみはくじ》が来日し、陰陽道は着々と日本に土壌を築き上げていった。

主に占術が貴族階級に支持され、七世紀末には、朝廷直属の官僚機構である陰《おん》陽寮《みょうりょう》が出来上がるが、これを境にして陰陽道は朝廷で占術、天文、暦学、呪術、祭祀《さいし》などを公式に受け持つこととなった。

陰陽道は、朝廷内でかなり頻繁《ひんぱん》に祭祀を行っていた。祭祀とは神々を敬い祀《まつ》ることであるが、当時は陰陽師がどのような神を奉っていたのか、どのような儀礼を行っていたのかは、詳しく知られていない。なぜなら祭祀のほとんどが朝廷内でのみ行われていて、とても庶民がたやすく見られるようなものではなかったからである。

鎌倉幕府が編纂した『吾妻鏡《あづまかがみ》』によると、陰陽道の祭祀は四十八種類もあったと書かれている。しかし実際はもっと多く、鎌倉時代に編集された『文肝抄《ぶんたんしょう》』によれば百四十九種類も記されている。祭祀は用途別に行われていたようで、大きく分けると次の四つになる。

一、天皇の病気平癒《へいゆ》、身体安全など健康に関する祈願を行う祭祀
二、天変地異など星辰信仰に関する祭祀
三、建物の安全に関する祭祀
四、鎮魂儀礼《ちんこんぎれい》など祓《はら》いに関する祭祀

この中で特に一番多いのが一の天皇の健康に関するもので、次が二の天変地異に関するものであったという。いつの世でもそうだが権力者というのは、まず自分の身の安全が第一と考えているようだ。

天と人を結ぶ儀式

陰陽道発祥の地である古代中国でも、天と地に対する神聖な崇拝儀礼《すうはいぎれい》が、頻繁に行われていた。なぜなら、このような祭祀は、天子《てんし》（地上の最高権力者・皇帝）のなすべき最高の行為とされていたからだ。

祭祀の際は、祭壇に犠牲（赤毛の子牛）を供え、神官が祭文《さいもん》を詠み、天子が敬虔《けいけん》な祈りを捧げた。この祭祀は「封禅《ほうぜん》の儀《ぎ》」と呼ばれ、天子が天帝《てんてい》（宇宙の最高神）と繋《つな》がり、天帝の意思を地上で実現させることが目的であった。天子は天帝の意思（天命）を体得する者として、呪術的に権威づけられ、地上での最高権力を得ることを承認されるのだ。

天子が天命を全うし善行すれば、天帝はこれを喜び天下泰平であるように見守られるが、天命に背き悪行すれば、天帝の怒りに触れさまざまな災いが地上に降りかかると考えられていた。

天子の祭祀はこれだけでは済まない。次に、天子は四方を祀らなければならな

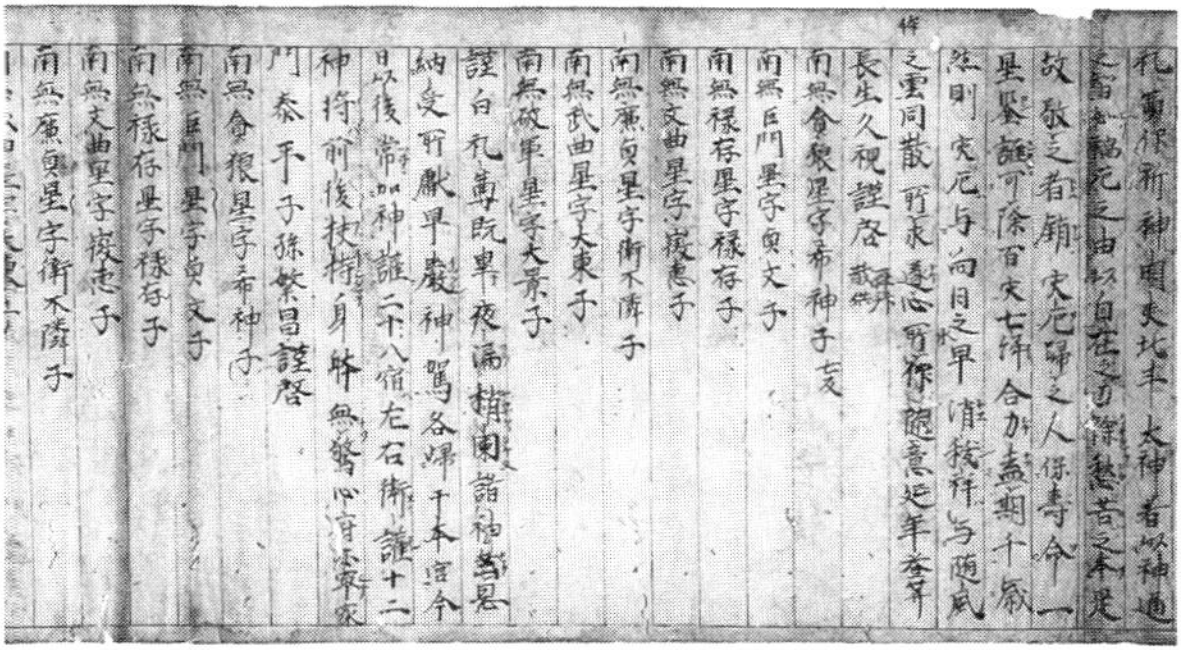

属星祭に唱えられたと言われる《属星祭文》
（京都府立総合資料館蔵）

かった。四方とは東西南北のことで、春には東方の神（青帝《せいてい》）、夏には南方の神（赤帝《せきてい》）、秋には西方の神（白帝《はくてい》）、冬には北方の神（黒帝《こくてい》）を祀ることを義務づけられていた。さらに続いて、天体も祀らなければならなかったのだ。太陽を王宮《おうきゅう》（日壇《にちだん》）で、月を夜明（月壇《げつだん》）で、星を幽榮《ゆうえい》（星壇《せいだん》）という祭壇で祀らねばならなかった。

これらの祭祀は、天と地のあらゆる神々を敬うことで天変地異が起きたり、疫病が流行るのを防ぐために行われていたのだ。その他にも、山や川などの人間生活に欠かせない自然の恵みを与えてくれるものに対しての感謝の気持ちを捧げる祭祀、または、人間の力の及ばない超自然的な力を持っている、さまざまな神(百神)に対しても祭祀は頻繁に行われていた。

まさに、天子とは地上を統治する以前に、シャーマンとしての役割を果たさなければならない重責を持つ、大変な立場にいた人だったのである。

陰陽道最高の奥義、泰《たい》山《ざん》府《ふ》君《くん》祭《さい》

陰陽道の中でも、最高の奥義と言われるものに、泰山府君祭《たいざんふくんさい》と呼ばれる祭祀がある。この祭祀の威力はものすごいもので、死にかかっている人間を延命したり、死んだ人間を再び生き返らすことができたという。

この祭祀を司ることができる者は、陰陽師の中でも限られており、かなりの呪術力を持つ者でなければ行えなかったという。かの安倍晴明もこの祭祀を幾度か行っている。

その恐るべき呪術力のエピソードが伝わっている。その中でも特に有名なエピソードが『今昔物語《こんじゃくものがたり》』にある。

ある高僧が重病になった。弟子達が必死に祈禱《きとう》したものの、病はいっこうに回復する兆しを見せない。そこで弟子達は安倍晴明のところへ赴《おもむ》き、助命の祈禱を頼んだ。晴明が高僧を見たところ、病はかなり重く、助命の祈禱では済まないと見た。そこで泰山府君という特別の祭祀をすることが必要だと思い、この祭祀を行えば高僧の命は救われるが、ただしそれには条件があり、代わりに誰かの命を神に差し出さなくてはならないと弟子達に説明した。

このような交換条件を容易に受け入れるほどの勇気を持つ弟子達は、残念ながらいなかった。むしろ逆に高僧がいなくなれば、その地位や財産までも自分達のものになると、考えはじめてさえいた。

だがその時、弟子の中でも一番知恵が足りないと仲間からばかにされていた一人の弟子が、自分が身代わりになると申し出てきたのだ。

高僧は、その弟子の澄んだ心に打たれて泣いて喜んだ。晴明もその弟子を身代わりに立てて、さっそく祭祀を始めた。すると見る見るうちに、高僧の病状は快方に向かっていったのだ。しかし、なぜか身代わりの弟子には、何ら変化は見られない。

晴明は優しく微笑みながら身代わりになった弟子に言った。「あなたの御師匠さまはもう安心ですよ、それにあなたも何も恐れることはありません。神様もあなたの師匠を思う気持ちにうたれて、ふたりとも生かすことにしたようです」

さて、このすごい効果がある泰山府君の神様とは、一体どのような神様なのであろうか。泰山とは中国五岳のひとつ東嶽泰山《とうがくたいざん》の別称で、この山は昔から生命発祥の地、死霊のこもる山として民衆から崇敬《すうけい》されていた。泰山府君は道教でも神として崇められていた。泰とは、天と地が相交わってすべてのものを生み出す根源の力を意味しているのだ。このことから、すべての人の生命や寿命を司る力を持った山の神様だったということがわかる。

紀元前二一九年には、不老長寿を願った秦《しん》の始皇帝《しこうてい》も、泰山の山頂で自分の延命長寿の祈願をしている。また、泰山には不思議な伝承がある。山頂には金の箱があり、中には数字が刻まれた短冊のようなものが入っていて、その数字は短冊を引いた人の寿命を示しているというものだ。しばらく前に話題になったアガスティアの葉と同じような話だが、漢の武帝《ぶてい》がその短冊を取ったとき数字は一八と刻まれていたが、短冊を逆さにして八一と読んだので、長生きしたという逸話が残っている。

現実の泰山は、中国の山東省にある標高一五二四メートルの山だが、周囲には高い山もなく華北一帯では遠くから眺望できるという。中国五岳は他に西嶽華山《さいがくかざん》、南嶽衡山《なんがくえいざん》、北嶽恒山《ほくがくこうざん》、中嶽嵩山《ちゅうがくすうざん》があるが、これらの山の位置は周の時代末期（紀元前五〇〇〜六〇〇年頃）に、東周にあった洛邑《らくゆう》という都を中心として、陰陽道の五行説にのっとって指定されたものである。

東嶽泰山だけが、なぜ特別視されたのかというと、東という方角は五行説では木を示しており、また東は日の出る方角で、季節では春を象徴している。この泰山から陰陽の気が動きだし、あらゆるものを生み出すと考えられたからだ。

北極星を信奉した陰陽師

陰陽師は、天体を観測する高度な技術（星読み）を習得していなければ、一人前にはなれなかった。しかし、ただ観測の対象として、夜空を眺めていたわけではない。彼らは夜空にきらめく星々の神秘な力に感応し、祈りを捧げることも忘れてはいなかった。

なかでも北極星を中心とした、正星一六三個と増星一八一個で構成される中宮（または紫微宮《しびきゅう》とも言う）が最も尊ばれていた。北極星は北辰《ほくしん》とも呼ばれ古くから信仰の対象となっていた。

北極星の神は正式の名を玄天上帝《げんていじょうてい》（天帝）と言い、陰と陽の二気を生み出した太極《たいきょく》の分身とされている。この神様は、あらゆる悪鬼妖怪を退治する神としても、崇敬を集めていた。ただしこの北極星は、現在指定されている北極星とは違っている星だという。

陰陽道では、中宮《ちゅうぐう》は天帝が居る場所として崇め、北極星はその天帝の仮の姿であるとしていたのだ。この北辰を祀ることは陰陽道でも多く行われていた。主な祭祀は玄宮《げんきゅう》北極祭、鎮宅霊符《ちんたくれいふ》神祭などである。

陰陽道では、北極星と同様に北斗七星も祭祀の対象になっていた。北斗七星の神は正式には北斗星君《ほくとせいくん》といい、地上の人間や死んだ者の善悪を調べ、悪行が多ければ地獄の王に報告して厳罰処分にさせていた。この神を厚く信奉すれば除災《じょさい》招福《しょうふく》を与えて、長寿が得られるとされていたのだ。

一般庶民の間でも北斗七星は邪を除き、凶気を退け、また寿命や富貴貧賤《ふきひんせん》を左右する力を持つ神として、多くの民衆から崇拝されていたのである。

他にも南極寿星《なんきょくじゅせい》という星も崇拝されていた。この星神は人間の幸せと寿命を司る神で、現在の乙女座にあたる。この星は地上が戦乱のさなかにあるときはまったく見ることができず、天下が泰平であるときに姿を現すと信じられていたので、この星が現れると皆幸福と長寿を願い、手を合わせたと伝えられている。七福神の中に頭が異様に長い寿老人《じゅろうじん》という神様がいるが、その神様が南極寿星の化身とされている。

魔除け、厄払い…穢を祓う手法

陰陽師は、魔除けのための祭祀も数多く行っている。たとえば天体が異常な変化をしたときには天帝の意が変わり、地上にもかならずなんらかの影響が現れるものと思われていた。特に日食や月食など、陰陽が逆転するような場合や彗星や流星など普段あまり見られない星が出現した時は、かなり悪い兆しであると判断

《百鬼夜行図》（東京国立博物館蔵）

され凶意を鎮めるための祭祀が行われたのである。

季節の変わり目などにも疫病《えきびょう》による災いを避けるために、数種の祭祀を行っていた。今も残っている節分の行事は、明らかにこの頃に行われた陰陽道の祭祀（追儺会《ついなえ》または鬼遣《や》らい）が起源となっているのだ。このような祭祀は、もともとは天皇個人をさまざまな鬼神《きしん》（邪霊、悪霊、汚れた霊）から守るために行われたものであったのだが、後世になると民間にまで流布していった。

陰陽道が日本に入ってくる以前は、神道の神祇官《じんぎかん》によって穢《けがれ》（不浄なもの）を祓うことが一般的であったが、陰陽寮が朝廷の管轄のもとに入ってからは、このような魔除け、厄《やく》除《よ》けの儀礼は一切陰陽師が引き受けることになっていったのである。

陰陽道宗家である安倍家独占の祭祀にも「天曹《てんちゅう》地府《ちふ》祭《さい》」というものがある。この祭祀は秘祭とされており、天皇が即位する際に行われるものであるが、天皇が陰陽師から受け取った衣と鏡に息を吹きかけてから、自分の体に当てて身を清め、その衣と鏡を箱に入れて祭場に持っていき、そこで陰陽師が祈禱をして穢を祓ったというものである。

このように陰陽道の祭祀とは、第一に朝廷を護ることであり、天皇をさまざまな災いから防護したり、穢を祓うことを目的としていた。そして、それはもちろん国家安泰につながるゆえに、陰陽師の朝廷における地位も次第に向上していったのである。

兵法としての占術・奇門遁甲

陰陽道の占術は、貴族のみならず後に武家が台頭した際にも利用されていた。

その占術は遁甲《とんこう》と呼ばれ、古代中国でも盛んに用いられていた。三国志のヒーロー、諸葛孔明《しょかつこうめい》もこの術を多用して数々の戦闘を制したという。

この遁甲という術には次のような伝説がある。その昔、中国の渭水《いすい》という川のほとりで、三年間も針の付いていない糸をたらしている男がいた。周りの人々はこの奇行の意味がまったくわからなかったが、ある日、その男は大きな鯉《こい》を釣り上げた。そして鯉の腹を開くと、中からある兵法が記された書物が現れたのだ。

ちょうどその頃、周の文王は夢の中で聖者が渭水のほとりにいて、その者の力を得れば周は守られるという夢を見る。文王は急いで使者を派遣し、軍師になるよう説得させた。

鯉を釣り上げた男は太公望《たいこうぼう》という仙人であった。太公望は文王の要求に応え、周の軍師になりその後、数々の功績を挙げた。この太公望は中国の古典的名作『封神演義《ほうしんえんぎ》』の主人公としても有名である。

太公望が得た兵法の書物は普通のものではなかったが、最終的には諸葛孔明によって完成されたと言われるもので、占術と易を駆使した一種の方位学的兵法であった。

この方術は、南が上になっている遁甲盤《とんこうばん》というものを使う占術で、占う本人が動くときは立向盤《りっこうばん》、占う本人が静止したままで周囲だけを動かす場合は、坐山盤《ざさんばん》という盤を使い、それぞれ年月日時を対応させながら占っていくものであった。盤の作り方や占い方は複雑なものであったが、使い方の手順さえわかれば誰でも使用できるものなので、日本の多くの武将もこの術を使用していたという。

巫術・神憑りのメカニズム

巫術《ふじゅつ》は陰陽道でも最も古い時期から行われていたもので、巫女《みこ》が神憑り状態（トランス状態）になった際に、神霊からのメッセージを得たり、お伺いをたてたりするものである。

この巫術を行える者は高度な資質が要求されていて、まず女性であること、次に神霊から選ばれた者や、霊媒《れいばい》としての才能が豊かなものでなければならなかった。

巫術のメカニズムは、文字通り「巫」という字に表されている。まず天と地を

結ぶ柱がある。陰陽道では、この柱は気のルートを示すものとして「天気（陽）下降・地気（陰）上昇」と呼んでいる。その柱の左右には人がいて、ひとりが神憑りをする女性で、もうひとりが神憑った女性の口から出る神の声を翻訳する男性を表している。

なぜか神憑りをするのは女性、それを通訳するのは男性の役目と決まっているようである。倭《わ》の女王・卑弥呼《ひみこ》も巫女であり、翻訳の役目は弟に任せていたという。

また、神功皇后《じんぐうこうごう》の新羅《しらぎ》征伐の際も、武内宿禰《たけうちのすくね》が沙庭《さにわ》にはべって神の命を請うと、皇后が神憑り「西に国あり、金銀をはじめとし、目に燃え輝く種々の珍宝多にその国にあり、われいま、その国をよせ賜わむ」と口走ったという記述が『古事記』に記されている。

この神憑りした巫女を翻訳できる力を持つ男性は審神（サニワ）と呼ばれてい

た。この役目は巫女に乗り移った霊が正しいものであるのか、悪いものであるのか判定しなければならない。安倍晴明も前述のように玉藻前《たまものまえ》に取り憑いた九尾の狐の正体を見破るために審神役をやっている。

陰陽道の祭祀の場合、どのような手順で行ったのかはわからないが、この祭祀は古神道の中にも見られる。古神道では鎮魂《ちんこん》帰神法《きしんほう》といって、まず審神と巫女が対座し、特別な印を組んで、黙想《もくそう》し、ときには石笛を吹いたりして巫女に神霊が降臨《こうりん》するように祈禱するのだ。

このとき審神は、まず自分の霊魂を神界または霊界へ飛ばし、そこにいる神霊に自分の体に入ってもらう。ただし、そのままであれば審神自身が神憑ってしまうので、すばやく巫女のほうへ神霊を転送するのである。次に巫女に乗り移った神霊に対して審神はいろいろな質問を始めて、その神霊がどのようなものであるか判断していくのだ。

もし、それが悪い霊であった場合には、審神の霊力によって捕縛《ほばく》し、以後、悪さをしないように約束させるのである。ただし、これはひとつ間違えれば大変危険なものなので、降りてきた神霊が強力な力を持っていた場合、審神と巫女の同方が逆に精神を犯されてしまうこともある。だから、この方法を使える者はかなりの霊的能力を持ち、よほどの経験がなければならなかったのである。

このような巫術は古代から中世にかけては頻繁に行われていたが、時代とともに次第に衰退の一途をたどる。なぜならばこれらの占術というものはすべて権力者が掌握していったからだ。村落共同体の社会では村に一人の巫女がいればよかったが、そのような共同体は権力者の手によって拡大され国という形に変化していった。そうなると多くの巫女は必要なくなり、強い力を持った巫女が一人いさえすれば済んでしまうからだ。権力者はそのような力を持った巫女に自分の都合のいいような神のお告げだけを言わせ、民衆を支配しようと考えたのである。

式神のルーツは紙人形

陰陽道では人形《ひとかた》を使い、自分の穢を拭いさる撫物《なでもの》という呪術があるが、この人形を式神のように使役する呪術もある。この術は古代中国ではよく用いられていたという。紙を切って人形を作り、床に並べ、まず禹歩《うほ》という呪術を行う。その

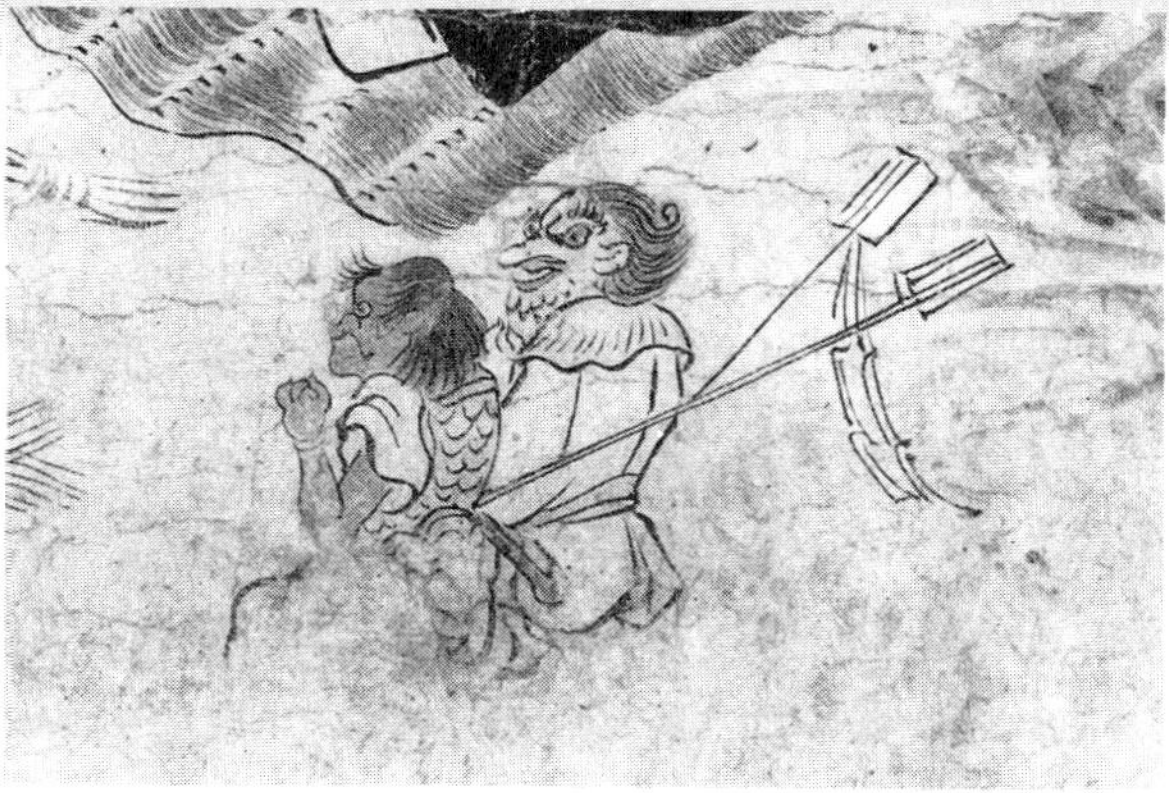

安倍晴明に仕えている式神《不動利益縁起》(東京国立博物館蔵)

後、口に含んだ水を紙の人形に吹きかけるとたちまち紙人《かみびと》が起き上がり動き出すのである。

紙人は呪術者の言う通りに行動し、その目的が達成されたら再び戻ってくるのだ。そしてまた口に含んだ水を吹きかけ、禹歩を行えば、紙人は再びただの紙に戻るのだという。この呪術は紙を切って兵を作るという意味合いから「剪紙成兵術《せんしせいへいじゅつ》」と呼ばれていた。

この呪術の素材となるものは単なる紙だけではなく、竹で骨格を作ったものなど立体的な人形も作られることがあった。紙よりも効果があるものとしては木製の人形がある。この場合、木を削って人形を作り、呪いをかけたりする場合に用いられる。なるべく呪う相手に似た人形を作り、もう一体別の人形と争うシチュエーションをしつらえると、呪われた相手は原因がわからないままトラブルが続くというものである。

風水の奥義を知っていた陰陽師

最近は風水がブームとなっているが、風水とは気の流れを判断し、それに的確に対処する知識のことである。ここでいう気とは空気の流れではなく、万物を司る永遠不変のエネルギーの流れのことである。気にもいくつかの種類があり、陰気、陽気、生気、死気、土気、地気、乗気《じょうき》、聚気《じゅき》などがあるとされている。

陰陽道でいう風水の基本となる要素は龍、穴《けつ》、砂《さ》、水《すい》の四つである。龍とは山を意味し、最もよい山は真龍《しんりゅう》と呼ばれ、南から北に向かって流れるようにそびえている山を指すという。穴とは大地の気が出ている場所のことで、地面にあながあいている場所という意味ではない。土地によっては悪い気が出ている場所もあり、穴の大きさは数メートルから数キロの範囲に及ぶものがある。

砂とは穴の前後左右にある山を指す。砂にも良いものと悪いものがあり、良い砂に囲まれている穴は、陰陽のバランスが調和した素晴らしい環境になっているのだ。良い砂とはボッテリとした丸みのある山、美しい形の山、高くそびえたつ山などで、反対に悪い砂とは頂上が尖っている山、見るからに形が悪い山などである。

最後に水であるが、水は龍の血脈と考えられ、川のことを指している。陰陽師はこの水を特に重要視していたと言われ、龍と水の関係が良い場所が吉であり、水の支流が多いのはあまり良いとは言えず、一本で曲がりくねっているのが吉とされた。また水は透明度が高く、静かで穏やかに流れているものが最高とされていた。

陰陽道では陰陽五行説に基づき、木は東、火は南、土は中央、金は西、水は北を表しており、自分がどの五行に属するかによって吉方と凶方を判断していた。自分が五行で火の人は水の方角が凶方になるから、北へ行くことはなるべく避けるということである。

次に具体的な風水の知恵であるが、まず、住む場所である。これも当然、地下の大地の気（龍脈）が流れてくる場所と地上を流れる気の二つを考慮して選ばなければならない。住居を建てる上で最適な場所としては、左側に川、右側に道路、正面に池、後ろに山や川がある場所である。良くない場所としては、大通りに面していたり、道の交差している場所、袋小路の突き当たり、なぜか神社や寺、城門、役所、金属関係の工場などの近くが挙げられる。

住居に適する土地が見つかったら、今度は家を建てることになるが、ここでもさまざまな条件がある。まず家の形であるが、次の四つが理想とされた。一番無難なのが四角形の家で経済的に安定すると言われ、南西方角が欠けた形の家も後々まで家族円満に過ごせるとされ、反対に南東方角が欠けた家では子孫繁栄は望めないが、個人的には経済的に豊かになるとされた。そして最も良いのが北東が二段階に欠けた家である。このような形の家は財産と地位にも恵まれ、子孫も末永く安定すると言われている。

続いて家の建て方、特に門を作るときも注意された。家を建てるとき門や外壁から先に作ることは避けるということである。囲いから先に作ると大地の気が先に遮断《しゃだん》されてしまい、住居が建つ敷地に大地の気が流れなくなってしまうからだ。

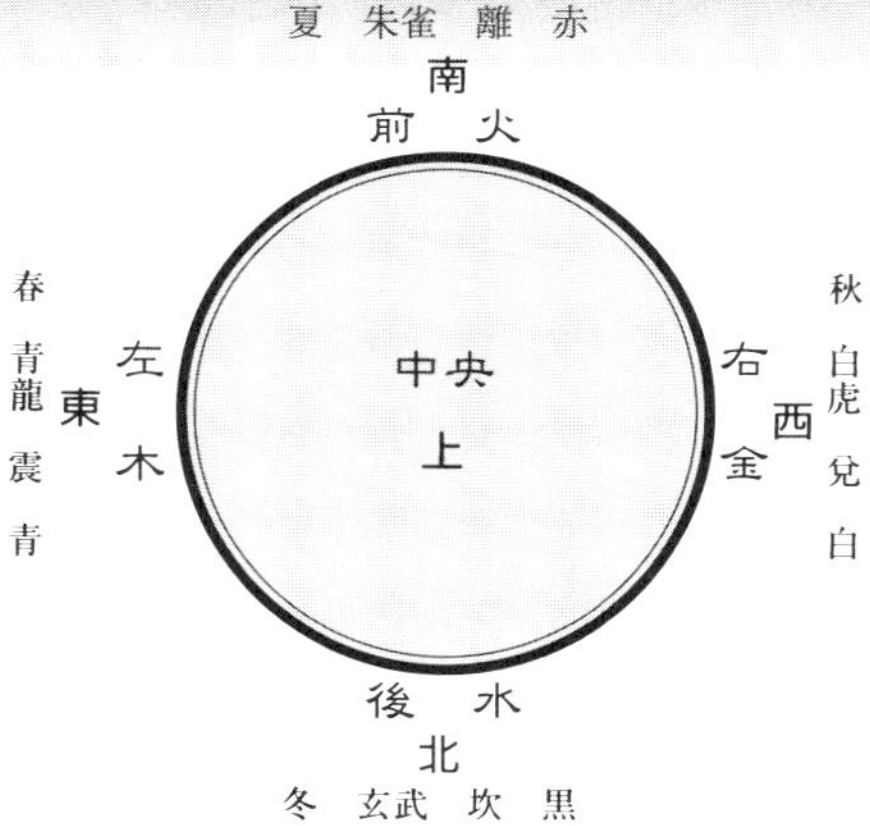

そして門は外壁よりも低くすること、高い場合は数々の不幸に見舞われるとされた。また、門はなるべく玄関の正面に置かないこと、なぜなら、漏気《ろうき》といって、家に溜まった気が外へ流失してしまうと考えられているからである。

そして絶対にやってはいけないのが、北東の方角に門を置くことである。この方角は鬼門と呼ばれ、陰陽師も注意していた方角なのだ。

陰陽師はこの鬼門を式神や鬼神（悪い気）の通り道と考えていた。だから、そこに門を置くと鬼神が自由に出入りできることになり、住む人にとって悪影響を及ぼすと考えていたのだ。

鬼門は二つあり、表鬼門（北東）と裏鬼門（南西）と呼ばれ、この線上に門を構えたり、不浄にすることは忌避《きひ》されたのである。

良い門の位置は北西、東、南東、南とされた。ただし、人の十二支によっては凶となる場合もあるので、注意が必要である。

家の中の間取りも気を使わなければならない。まず、居間であるが、ここでは金運や事業運、地位や名声に関わる財位《ざいい》というものがある。財位とは居間の入口に立ったとき、そこから見える角の部分のことである。この部分にいろいろなものを置くことで財運が良くなるというのだ。

ではどんなものを置くのかと言うと、重くめったに動かさないような家具、たとえばタンスや本棚、テレビなどである。それが無理なら常緑樹または観葉植物の大きな鉢植えを置くと植物の葉からよい気が部屋中に発散され、家の財運が向上するというのである。

寝室でも注意することがある。それは、寝る場所（布団やベッド）を寝室の入口の正面には置かないことである。門冲《もんちゅう》といって、この場所は外気が直接に当たる場所であるので、就寝の際になかなか芯から身体を休めることができなくなるからである。また北枕はいけないと言われるが、頭の向きを気にする必要はなく、それよりもなるべく頭を壁に近い所にしたほうが良いとされている。

トイレは西に置くことが基本とされているが、陰陽五行説から見た自分の凶方に置くことも良いとされている。ただし、木の人は木剋土《もっこくど》で土の方位が凶方となるが、土は中心を表すからといって、まさか家の真ん中に置くことはできないので、木の人はやはり西にするのが無難である。

続いて窓であるが、窓も外界と家の中の気の流れに関係する部分であり、へたな位置に設置すると家の中の気が乱れてしまうと考えられた。特に南東や北東には窓を付けないように注意されている。

このように風水の吉凶というものも、陰陽五行説の法則が基本となって考え出されたものである。

第参章

呪術の奥義に迫る

呪術の本当の力を探る

一言で呪術といっても、それが何なのかわかっている人は少ない。何か妖しげな、どろどろとしたオカルティズムとしてとらえられているのが多数であろう。その効力を信ずるか否かは別として、呪術は誰にでも扱える代物ではない。また、呪術はとても危険を伴うものである。いい加減に扱えば場合によっては精神を犯されたり、命を失うこともあるという。

それだけ呪術とは難しいものであり、ある特定の人々にしか扱えないとも言える。安倍晴明《あべのせいめい》のような超一流の陰陽師クラスでも、扱うためには専門の知識と修行を必要としたのである。

だから、もし生半可な気持ちで、呪術を扱おうとしても必ず失敗するにちがいない。そして、その結果はとても不幸なことになるであろう。

呪術とは、人間が自然や他者を直接コントロールするために、超自然的存在である神仏や精霊、悪魔などに働きかけて使役することである。だから、霊的存在

（右）陰陽の火を象徴している朱童像
（左）陰陽の水を象徴している河伯像（京都府立総合資料館蔵）

に対して精通していなければ、扱うことはできない。

呪術の歴史は古く、また世界に共通する思想でもある。フランスのアリエージュ地方の洞窟の中で見つかった壁画には、鹿の皮を被った呪術師が、狩りのために呪術的舞踊をしている姿が描かれている。この壁画が描かれたのは石器時代だと言われているが、すでに呪術はそのころから行われていたのだ。

呪術を行う者には特殊な資質が求められ、その集団の中で最年長の者や、賢者とされている者、または超自然的存在から啓示を受けた者がその任に就いた。

彼らは神や精霊の声を聞き、それを人

人に告げ、まじないや呪文をとなえて病人を治したり、収穫の際の儀式を取り仕切ったりする重要な役目を背負わされていたのだ。

『魏志倭人伝《ぎしわじんでん》』の中に出てくる卑弥呼《ひみこ》も「鬼道《きどう》を事とし、能《よ》く衆を惑わす」と書かれている。鬼道とはまだ体系化されていない陰陽道の一種と思われるが、この記述からもわかるように、卑弥呼が日頃呪術を使っていたシャーマンであったことは間違いなさそうだ。

聖書の中に記された呪い

呪術の歴史は、世界でもかなり古くから存在している。呪術は人だけが行うものと一般的には考えられているが、正確に言うとそれは誤りである。

呪術はもともと神々のものだった。古今東西の神話の中にも神々が呪いをかけるシーンはたくさんある。なかでも、もっともインパクトがあるのは『旧約聖書』の「創世記」の中で全知全能の神が禁断の果実を食べたアダムとイブ、そしてその原因を作った蛇に対して言った言葉の中に認められる。

全知全能の神は「お前はこのことをしたので、すべての家畜、野のすべての獣のうち、もっとも呪われる。お前は腹で這い歩き、一生、ちりを食べるであろう」とまず蛇に呪いをかけた。

続いて蛇に誘惑されたイブに対し「わたしはあなたに産みの苦しみを大いに増す。あなたは苦しんで子供を産む。それでもなお、あなたは夫を慕い、彼はあなたを治めるだろう」と産みの苦しみを与えた。そして最後にアダムに対してとても意味深い言葉を残すのだ。

「あなたが妻の言葉を聞いて、食べるなと、わたしが命じた木からとって食べたので、地はあなたのために呪われ、あなたは一生苦しんで地から食物を取る。地はあなたのために、いばらとあざみを生じ、あなたは野の草を食べるであろう」と。神によると大地はアダムのせいで呪われてしまったというのだ。なぜアダムの罪を大地が被らなければならないのかよくわからないが、とにかく、神は蛇(サタン)に対して呪いをかけ、そしてアダムのせいで地は呪われてしまったことを明確に記しているのだ。

そしてアダムとイブはエデンから永遠に追放処分となったのである。要するに

『旧約聖書』によれば人類の歴史が始まった時点において呪いという大きなファクターが存在していたということになる。『新約聖書』の中にも注目すべき記述が見られる。それはマルコ福音書十一章の中にある話だ。

ある日、イエス・キリストは空腹をおぼえ、葉の茂ったいちじくの木を遠くから見つけた。近づいたが、あいにく季節が異なり実がひとつも成っていなかった。するとイエスは「今から後、いつまでもお前の実を食べる者がないように」といちじくの木に向かって言ったのである。近くにいた弟子達もその言葉をちゃんと聞いていた。

翌朝、弟子達はイエスに呪われたいちじくの木が枯れているのに気がついたのである。弟子達は「先生、ごらんなさい、あなたが呪われたいちじくが枯れています」と驚きの声を上げたのだ。するとイエスは「神を信じ山に動き出して、海に入れと言えば、言ったことは必ず起きる、心に疑わないで信じるならば、そのとおりになるであろう」と答えたのだ。

これは非常に注目すべき言葉である。なぜならば呪術の中でも重要な要素である「言霊《ことだま》」というものをズバリ表現しているエピソードであるからだ。

刷り込まれた言霊の呪力

言霊とは言葉に宿っている、あらゆる現象を引き起こす力のことである。これを呪術に応用すれば呪文となる。「ちちんぷいぷい」「アブラ・カ・ダブラ」「開けゴマ」「痛いの痛いの飛んでいけ」など神話や物語の伝承を通して広く民衆の間に浸透していったものから、陰陽師や魔術師などが、祭祀《さいし》や密儀の中で唱えるような複雑でごく限られた人たちにしか知られていない高度なものまで、その範囲は幅広い。

特に民間に流布していったものには生活の中で慣習化されていったものも少なくない。たとえば結婚式や新築祝いのときなどは「おめでたい」という言葉を使うが、実は草木の芽が地中から出るということで、これから新しい環境に出ていくという意味が込められている。陰陽道の十干十二支《じゅっかんじゅうにし》が草木が成長するところからヒントを得て作られたのと同じことなのだ。

また祝宴の際に最後に「終わる」という否定的な言葉の代わりに「おひらき」

という言葉を使ったり、髭《ひげ》を「剃《そ》る」のを「あたる」と言い換えたりすることも、不吉な、マイナスのイメージを喚起《かんき》させる言葉はなるべく避けようとする慣習からきている。

現代では、そんなことナンセンスだ非科学的だと思う人も少なくないが、結婚式のスピーチのときに「別れる」「離れる」などの言葉を意図的に連発すればひんしゅくをかうだろう。つまり意識している、していないに関わらず言ったことはその言葉通りの現象を呼び起こすという言霊の呪力は、我々の深層意識の中に太古の昔から刷り込まれてしまっているのだ。

言葉だけではなく、古代人はあらゆるものに生命力が宿っていると考えていた。その生命力を「マナ」といい、このマナは物から他の物へ感染し、転移することができる。まるでウィルスのようなものだが、このマナのエネルギーが強ければ強いほど、感染し転移された物体のエネルギーも強くなるのだ。

よく修行の場として山に籠《こも》って大自然の力を身に付けるというが、これは大自然のマナを自分の身体に取り入れて、自然の力を身に付けるために行われることなのである。

類感《るいかん》呪術と感染呪術

呪術は、物真似《ものまね》が起源である。こう言うと語弊《ごへい》があるかもしれないが、有史以前の古代人の儀式は、すべて物真似から始まっている。簡単に言えば、「似たものは似たものを生む」という観念を基に、呪術は発生したということである。

人類は、もともと狩猟採集によって食物を得ていたので、獲物が自然現象の影響などで捕れなくなったときには、部族のシャーマンが儀式を行った。獣の顔に似せた仮面をかぶり、獣の毛皮を着て、獣の動作を真似て踊りを踊ったのである。すると今まで捕れなかった動物が、再び捕れるようになったのだ。もちろんこのような儀式は誰でもができることではなく、ごく限られた人によって行われたものであった。このような呪術を類感《るいかん》呪術または模倣《もほう》呪術と言う。

この呪術要素を取り入れた宗教祭祀は数多く見られ、東南アジアやアフリカなどでは今でも行われている。日本でも呪術的要素は薄れたものの、神楽舞《かぐらま》いや獅子舞いなどの神事や能など伝統芸能の中にその名残りを認めることができる。

もうひとつの呪術は感染呪術である。この呪術は「接触」ということがキーポイントになっている。接触したものに呪力が感染しいろいろな影響を及ぼすのだ。この呪術で世界的に有名なのはブゥードゥー教で行われる呪術だ。呪いたい相手の髪の毛や爪の破片、または着ている衣服の糸くずなどを手に入れる。そして、呪いたい相手の姿に似せて作った人形にそれを入れて針で刺す、火で焼くなどして呪いをかけるやり方だ。今でも、中南米では自分の爪や髪の毛を切った後は、必ず焼却処分したほうがよいと言われている。陰陽道にもまったく同じような呪術がある。それは蠱毒《こどく》、撫物《なでもの》、人形《ひとかた》などと呼ばれているものだ。

まず「蠱毒」であるが、これは大きな瓶《かめ》や器の中に動物や昆虫（蛇、犬、狐、蛙、トカゲ、ムカデ、カマキリ、イナゴ）などを入れて、お互いに戦わせる。最後に生き残った生き物のパワーと、敗れて食べられた小動物の怨念《おんねん》のパワーを使って、相手に呪いをかける呪術である。また勝ち残った動物を原料として毒薬を作り、その毒気を相手に送ることもあるという。この際に動物たちの戦いが凄惨《せいさん》であればあるほど、その呪力は増大すると信じられているのだ。

「撫物」とは、簡単に言えば紙人形を使った呪術である。人の形に切った紙を切

安倍晴明と疫病神の対決《不動利益縁起》(東京国立博物館蔵)

り、それを自分の身体に撫でつけてから陰陽師に渡して祈禱《きとう》してもらうのだ。つまり自分の身体に付着している穢《けがれ》を紙に吸い取らせてから陰陽師に渡してそれを清めたり、川に流したり、燃やしたりして穢をとり祓《はら》ってもらうことである。現在でも、神社によってはこれらを行うところもある。

紙は償物《あがもの》と言われ、人間の代わりに罪穢れを背負って処分される。正月の注連《しめ》縄《なわ》や松飾りも、もともとは同じような意味合いで作られたと言われる。

朝廷内では毎月吉日に「七瀬祓《ななせのはらい》」という儀式を行い、天皇が撫物筥《なでものばこ》に入っている人形を取り出し、自分の息を吹きかけてから自分の身体に撫でつけ、その人形を川に流すというものだ。公家たちも、同じように自分の穢を付着させた人形を、川に流したという。賀茂川にはその儀式を行う場所が七ヵ所あったことから、七瀬祓と呼ばれるようになったという。

「人形」これはヒトカタと読む。文字通り人形であるがこちらのほうは紙ではない。木や藁《わら》などの素材を用いて作り、その人形に呪う相手の魂を入れて焼いたり、切ったり、刺したり、地中に埋めたりするものである。後に単に人形の形だけではなく、土器や陶器なども使われるようになったという。

日本ではこのような呪術は陰陽師が行うだけではなく、民間にも広く伝わっているものがある。それがよく聞かれる「丑《うし》の刻参《こくまい》り」だ。真夜中に白装束《しろしょうぞく》を身に付け、神社で呪う相手に見たてた藁人形を神木に押しつけ、五寸釘を打ち込むという呪術である。呪われた相手は、その釘が刺された部位が激しく痛みだして苦しみ、挙句の果ては死に至らしめるという恐ろしいものだ。ただし、この呪術は他の人に見られてしまうとまったく効果がないと言われている。

こんな話は現代ではナンセンスだと思うのは早計である。たとえば、製材業の人は神社の木を切るのをあまり歓迎していないという話もある。なぜなら木に打ち込まれた五寸釘が、木の成長とともに包まれて外からは見えず、伐採中に鋸《のこぎり》の刃が欠けてしまうことがたびたびあるからだ。なんとも恐ろしい話で現代でも呪いをかけようとする人が後を絶たないのである。

魔を退ける呪術・物忌み

陰陽道の呪術は人を呪うものよりも、呪いや襲いかかってくる魔物から身を守るために使われることが多い。安倍晴明も藤原道長《ふじわらのみちなが》をはじめ朝廷の要人にかけられた呪いをたびたび見抜き、その効力を消したり、逆に呪っているものに返したりして守護してきたのだ。

なかでもよく使われる呪術が「物忌《ものい》み」と呼ばれるものである。この呪術は陰陽師により凶の兆しが見られたり、暦により凶の日であるとわかった場合に、ある一定期間に家に閉じこもり、外に出ないようにすることである。

家の中で物忌みする場合は、紙片や柳の枝の一片に「物忌み」という文字を書いて、しのぶ草と呼ぶ植物の茎に巻きつけて冠《かん》にしたり、または、髪に差したりして静かにしているという。物忌みの期間は外出は許されず、家の中でも飲食などもなるべく慎み、男女の営みも禁止され、ひたすら精進潔斎《しょうじんけっさい》の日々を送らなければならなかった。

「物忌み」というのは、もともとインドにいた鬼の名前であり、この鬼があらゆる生き物を守るという請願をたてて、改心したことから由来している。

安倍晴明も物忌みの期間に瓜を食べようとした藤原道長を助けたことがある。ある日、南都より早生の瓜が道長のもとに献上されてきた。道長は物忌みの期間にこのようなものを食べて良いのか晴明に尋ねると、瓜の中のひとつに毒気があると指摘、ひとつの瓜を選び出した。

晴明は加持《かじ》すれば毒気が現れますと言ったので、側にいた解脱寺の観修僧正《かんじゅそうじょう》が加持祈禱すると瓜が動き出した。続いて晴明は瓜を治すようにと同じく側にいた医師の忠明《ただあきら》に言って二本の針を瓜に刺させた。すると瓜は動きを止めた。道長が、今度は源頼光《みなもとのよりみつ》に命じて瓜を切らせると、なんと中に蛇が入っており、忠明の刺した針は蛇の左右の目に突き刺さり、頼光の刃は蛇の頭を切っていたと伝えられている。

悪鬼を祓う呪術

さまざまな凶兆や魔を祓うために陰陽道では数多くの「祓い」が行われてきた。「天土の祓い」などは一日に六十四回も行われていたという。今では節句の時に神社で神主さんにお祓いをしてもらう程度だが、昔は陰陽師がその役目を果たしていたのだ。

なかでも「名越《なご》しの祓《はら》い」が有名である。この祓いは蘇民将来《そみんしょうらい》伝説（二〇三頁参照）がルーツになっていると言われるもので、神社の入口に茅《かや》で編んだ大きな輪を作り、その輪をくぐることで災厄が防げると考えられてきた。これは「茅《ち》の輪《わ》くぐり」とも呼ばれ陰陽道の代表的な儀式のひとつである。

節分の時に行われる豆まきのルーツでもある「追儺会《ついなえ》」という儀式もある。方相氏《ほうそうし》という四つ目の鬼に扮した人が桑の弓や蓬《よもぎ》の矢を放ち、桃の枝を四方に振り回したりして疫病神を追い払う儀式である。まさに毒は毒をもって制すというところか。

弓を使った儀式ではもうひとつ変わったものがある。それは「鳴弦《めいげん》」と呼ばれ、悪霊に憑かれた人を治す儀式として行われていたものだ。弓に矢を添えずビーンと弦だけを鳴らすことで、人にとり憑いている悪霊を追い払うというものである。これを応用して少し危険と思えるものに「叩きだし」というものもあった。悪霊に憑かれた人を棒で叩いて、体の中から追い出すというものだ。打ち所を間違えば命さえ保証できないという怖いものである。

少し変わったところで「松葉いぶし」というものがある。

これは悪霊にとり憑かれている人を部屋へ閉じ込めて、松葉を焼いて出た煙を部屋に入れて悪霊をいぶし出そうとするものである。へたをすれば人間も窒息死してしまう可能性もあるのだから大変危険である。

現代人から見たらなんと野蛮で原始的と感じざるをえないが、呪術の世界ではこのようなことが行われるのは当たり前で、昔は日常茶飯事だったのだ。現在でもこのような前近代的な呪術的儀式を行っている所が実在していることはいうまでもない。

☯相撲に残る呪術の作法

お相撲さんが土俵に上がり、取り組みの前に左右の足を交互に高くあげて、地面を強く踏むのを「四股《しこ》を踏む」という。実はあれにも呪術的な意味が含まれているのだ。

四股を踏むとは神聖な土俵の邪気《じゃき》を祓い、富をもたらすという陰陽道の呪術から来たもので、一種の地霊《じれい》を鎮める儀式でもある。相撲には他にも弓取り式というものがあるが、これも全取り組みを終えた後、東西南北と中央を入れた五方を鎮めるために行われている。

また、行司が「はっけよい、残った、残った」とかけ声をかけるが、この「はっけよい」は易の「八卦良い」という意味からきているという。

力水《ちからみず》といって勝ったほうの力士が、次の取り組みを待っている力士に、酌に入った水を与えることがあるが、これも一種の呪力を伝達する意味合いで行われている。このように日本の国技である相撲の中には、呪術的要素が多く含まれて

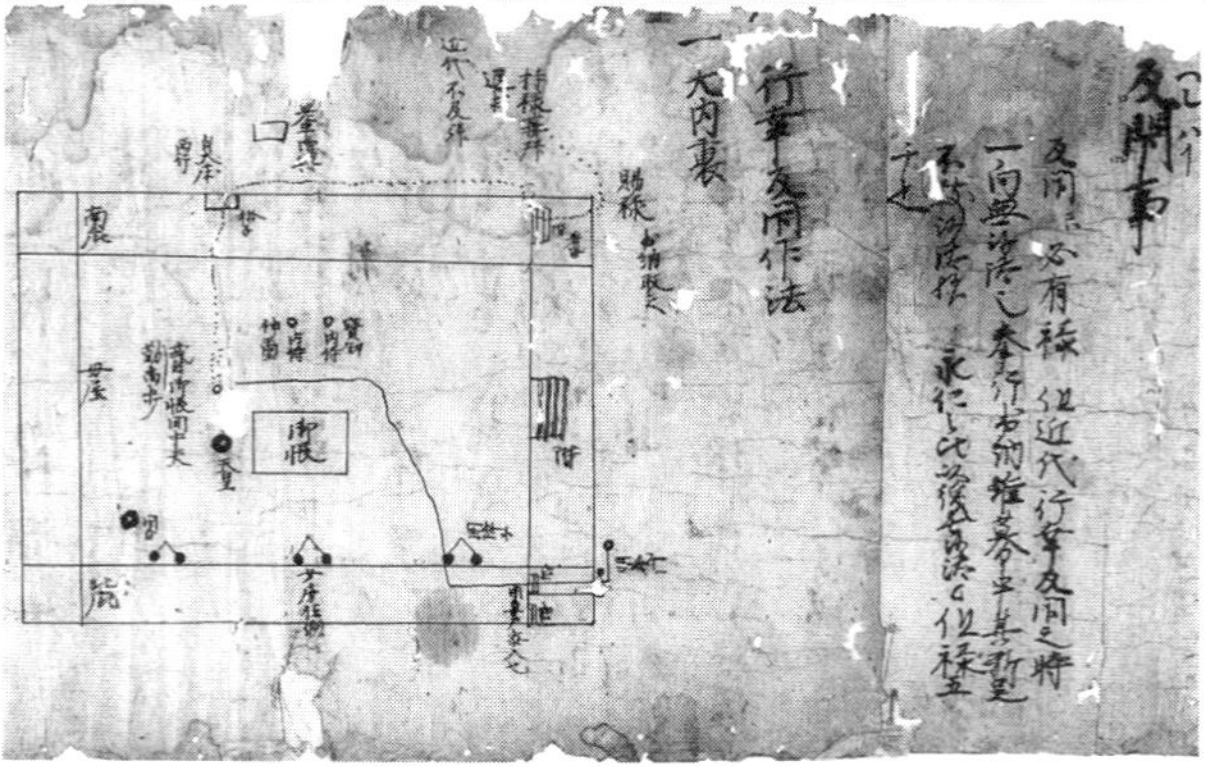

反閇の作法を示した図（京都府立総合資料館蔵）

いるのだ。

陰陽道にも「反閇《へんばい》」という呪術がある。これは道教がルーツの一種の歩行呪術で、悪星を踏み吉意を引き寄せるという意味がある。

道教ではこれを「禹歩《うほ》」といい、北斗七星の形を踏むことで魔を祓ったり、呪いを封じ返す効果があると言われている。

まず両足を揃えてから、左足を先に出し、続いて右足を左足に揃えるように出す。今度は右足から前に出し、続いて左足を左足に揃えるように出す。足を三回運んで一歩と数えていたので計九回足を動かすことになるから別名「三《さん》歩《ぽ》九《きゅう》跡《せき》法《ほう》」とも言われていた。このような手順を繰り返しながら北斗七星の形に歩いていくのだ。実際は北斗七星以外の形もあったと言われているが、安倍晴明もこの呪術を天皇や要人が外出する際、災厄《さいやく》を避けるためによく使ったようである。

凶方を避ける方《かた》違《たが》えの術

陰陽道では方位に関する占術が盛んであったため、凶と出た方角へ行くことをことさら避けるようにしていた。このことを「方忌《かたい》み」といい、凶の方角へ出かけることを禁じ、その方角から凶意が無くなってから行くようにすることがよいとされた。

陰陽道では各方位には年ごとに星の神様が管轄《かんかつ》していて、なかでも大将軍という神様がいる方位は最も避けるべきと考えられていた。この神様は金星の精が降臨したものと考えられ、金は陰陽道では金気《ごんき》を象徴し刃物などを意味する不吉なものと思われていたからだ。

他にも金神《こんじん》や太白神《たいはくしん》も恐れられており、金神七殺《ななさつ》といって、その神様がいる方位を犯すと七人の死人が出ると言い伝えられていた。

ただし、そうは言っても生活をしていくためにはその方角へ行かなければならない時がある。そのような場合にはどうすればよいのか、そこで出てくるのが「方違《かたたが》え」である。

方違えとは、もし自分の目的地がある方角が凶方であった場合、いったん違った方角へ行き、それから再び目的地に向かうことである。凶方は日や月ごとに変わる短いものから、一年間変わらない長いものもあるので、方違えもそれに応じて行われた。たとえば凶の期間が短ければ一日から数日間方違えしてから目的地へ行き、長い場合は四十五日間かけて方違えしてから目的地に行かなければならなかったのだ。

武将たちもこの方違えを気にしていたようで、いくら戦の最中であっても敵陣が凶方にあった場合には、いったん別の方角へ自軍を移動させてから敵陣に攻め込んでいったという。

現代でも鬼門《きもん》と呼ばれる方角（北東）は鬼のやってくる方位として、気にする人が多いが、これも陰陽道の方位学からきているもので、桓武天皇《かんむてんのう》はこの鬼門の方位を封じるために比叡山《ひえいざん》（宮廷からは北東にあたる）に天台宗の一門を置いたという話は有名である。

鎮宅霊符《ちんたくれいふ》の恐るべき威力

今ではどこの神社やお寺でも御札や御守りは置いてあるが、それらは大量生産で作られたものがほとんどだから、本当に御利益があるのかどうかと疑う人もいるだろう。しかし、昔は御札や御守りなどは陰陽師や僧侶の手作りがほとんどで、それはそれは有難いものだったのだ。

どのくらい霊験があったかというと、安倍晴明の息子が作った霊符《れいふ》（御札）を棟木に張った関白藤原師実《ふじわらのもろざね》の邸宅は、他の邸宅が次々と焼失していった中で、なんと鎌倉時代まで焼けなかったというからすごい。平安期の火災発生率は現在と比べものにならないほど高く、防火設備も今よりまったく劣っていたことを考えればその威力のほどがわかる。

陰陽師がよく作った霊符は「鎮宅霊符《ちんたくれいふ》」といって、家の天井や四方の壁に張ったり、または家の四隅付近に穴を掘って瓶に入れて埋めたりしていたという。

この霊符には「七十二星西嶽真人符《さいがくしんじんふ》」または「厭百鬼符《えんひやっきふ》」などがあった。特に「七十二星西嶽真人符」は七十二（易の先天八卦と後天六十四卦を足した数という説がある）の災厄を防ぐと言われ、御守りとしても人気があった。西嶽真人とは大地の神様で住居を守り、大地の悪霊を鎮める力があることで崇められていたのだ。

その他にも「黄帝秘術《こうていひじゅつ》」と言われ、端午《たんご》の節句に家にかけると百歳まで生きることができるという霊符、病気の人に飲ませるために作られた霊符など、さまざまな霊験のある御札がたくさん作られていたのだ。

霊的バリアを張って悪霊から身を守る

誰かに呪いをかけられた場合にはどうすればよいのか？　もちろん普通の人では自分が呪いをかけられているかどうかもわからないのだが、このようなときは陰陽師に頼めばいいのだ。陰陽師は、その人に呪いがかかっているのかいないの

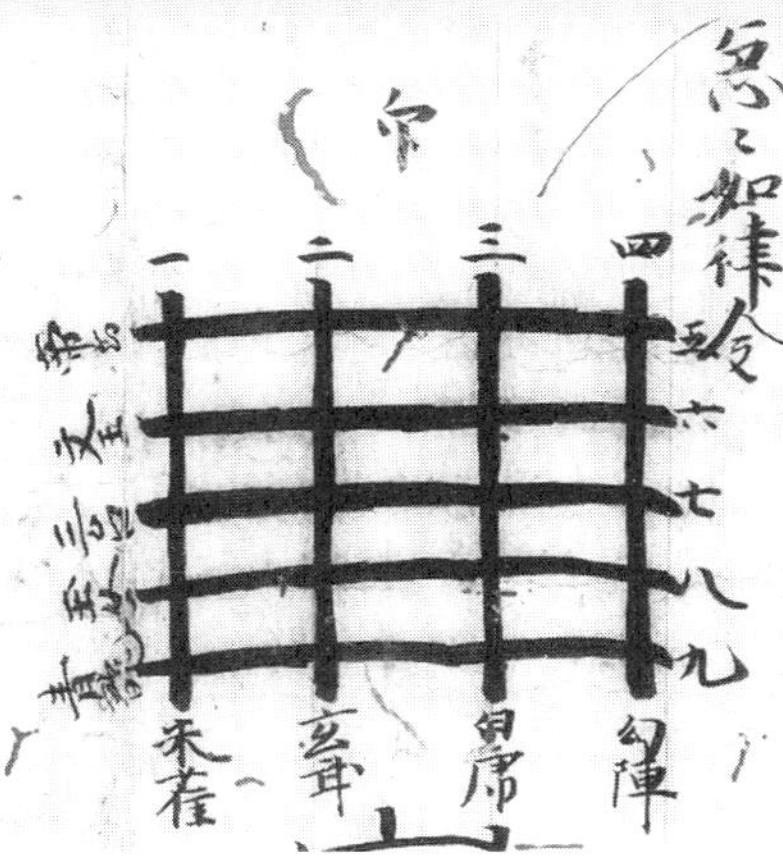

ドーマン（九字）の切り方を説明している
（京都府立総合資料館蔵）

か一目瞭然でわかるからだ。

安倍晴明も烏《からす》に糞をかけられた若い貴族を見て、彼が呪いをかけられていることをすぐに見抜いたことがあった。ただし、見抜いただけでは事は済まない。今度はどうやってその呪いから身を守るか、という問題が生じるからだ。呪いから身を守るには「身固《みがた》め」という呪術を用いなければならない。

この呪術の作法はだいたい次にように行っていたらしい。まず、呪われている人の胸の前で陰陽師が呪術用に使用する禁刀で九字《くじ》（臨《りん》、兵《ぴょう》、闘《とう》、者《しゃ》、皆《かい》、陳《ちん》、裂《れつ》、在《ざい》、前《ぜん》）を切る。そして左右の腕に符を書くのだ。また、この際に呪禁《じゅごん》の呪文も唱えられたという。

九字と言えば修験道や密教と考える人もいるかもしれないが、もともと中国の『抱朴子《ほうぼくし》』という道教の書物に魔を避ける文字として載っており、これが陰陽道に取り入れられたのである。

そしてこの九字を陰陽道の中で確立させた人物が、あの安倍晴明の最大のライバルと言われる蘆屋道満《あしやどうまん》だと言われている。陰陽道では九字のことを道満の名前に因んで「ドーマン」と呼んでおり、縦四本、横五本の線で表されている。

このドーマンは魔除けの呪符として使われたり、またこの線を指で宙に書いて呪術として用いられていた。なにかと悪名高い道満も、役立つものを残していたのである。

さて、それでは安倍晴明はどんな魔除けの呪術を使っていたのかというと、これがあまりよくわかっていない。記述によると身固めの際は若い貴族の身体を一晩中抱いていたとされるが、実際は何らかの呪術的作法を施していたのだろう。ドーマンと対抗するわけではないが、晴明にも「セーマン」と呼ばれる呪符がある。これは晴明桔梗印と同じ形であるが、呪法として用いられる場合には中心に点を付けていたという。唱える場合には「バン、ウン、タラク、キリク、アク」という梵字《ぼんじ》読みがなされていたらしい。

呪術で病を癒した陰陽師たち

陰陽道では、人間の身体も陰陽五行説に基づき構成されていると考えているので、もし人が病気になれば陰陽五行説の法則に則って体を癒す工夫がなされた。陰陽道の故郷である古代中国では病気の原因を邪と呼び、その邪気に感染しないように予防することが大切と考えられていたのだ。

また予防しても、病気になってしまったら治せないわけではなく、病気に対するさまざまな処方も考案されていた。

それらは薬草についての知識、呼吸法、体操法、なかには今で言うイメージコントロール法のようなものもあった。

人体については、まだ解剖学などまったく発達していない時代にも関わらず、陰陽五行説では五臓五腑《ごぞうごふ》といって、肝臓、心臓、脾臓、肺臓、腎臓の五臓と胆、小腸、胃、大腸、膀胱の五腑の関係を詳しく解説している。

特に、陰陽道では陰と陽の対立する二気を中心として、万物流転を説くものであり、人体では火を象徴する心臓と水を象徴する腎臓が重要視されていた。それゆえ、人体の中では心臓は陽の中枢、腎臓は陰の中枢として考えられていたのである。

ただし、このような医術的な分野は陰陽寮の管轄ではなかった。このような分野は典薬寮《てんやくりょう》という薬物や医療関係を取り仕切る場所で扱われていた。典薬寮では、呪術的な医療も行われており「存思《ぞんし》」といって、易をベースにした一種のイメージコントロールで、心身を健康にするようなこともやっていたようだ。

式神とは一体何なのか

安倍晴明は十二神将の式神《しきがみ》を使役していたという。晴明の妻は式神のあまりにも恐ろしい形相に耐えられず、晴明に頼んで一条戻り橋に置いておくようにしてもらったとの伝承がある。だが、この式神というものが一体何物なのか詳しく語られている伝承はあまりない。

式神とは何かということについては、いろいろな説があるが、それらを総合して考えてみると次のようになる。

まず、式神は普段は目に見えない存在である。そして、使役されないときはじっとしている。ときどき姿を現すが、そのときは童子の姿か鬼のような姿をしている。かなりの霊的な力を持っているようで、時には人を殺すこともある。

これらのことを考えると式神とは霊的存在だったと思われる。ただし、霊的存在といっても、その種類はさまざまあるから、式神がどんな霊的存在だったのかは定かではない。

霊的存在は大きく分けると次のようになる。
◎もともと人であった霊
◎自然物に宿っている精霊
◎神仏に近く人間よりも高い存在としての霊
陰陽道ではよく鬼神という言葉を使っているが、鬼というのは人が死んだ後に未成仏霊《みじょうぶつれい》として、この世に執着を持ち続けたものが怨霊となった姿である。人間にとってはあまりありがたくない存在で、害悪のほうが多いと言える。だからこんな霊を使うことはとても危険なことと考えるほうが妥当だろう。ただし陰陽道でも、蠱毒という動物霊を使い人を呪う呪術もあったから、あながち式神鬼神説も捨てがたい。

続いて自然物たとえば川や海、山や沼、岩や石などに宿っている自然の精霊を式神と呼んでいたとすればどうだろうか。日本では古くから自然界のあらゆるものには魂が宿っており、それらは精霊となって人間と共存しているという考え方がある。

もし、人間が無闇やたらにこの自然の摂理を侵そうものなら、かならず精霊たちの復讐にあうと信じられていたのだ。今でも勝手に巨木を切ったり、沼を埋め立てたり、山を崩したりすれば、何か災いがあると考えられている。やむなく、そのようなことをしなければならない場合には、神主にお祓いをしてもらう風習が残っている。このような精霊は、よく子供の姿で現れるという。だから式神が童子の姿で現れることと何らかの関係があるのかもしれない。

最後の神仏に近い存在の霊とは、仏教では眷属《けんぞく》、キリスト教では天使と呼ばれ、人間と神仏の中間に位置する存在である。これらの霊は人間よりもはるかに霊力を有しており、人間に対してさまざまなアドバイスやサポートをする役目を与えられているのだ。安倍晴明の使役したという十二神将も、仏教の薬師如来《やくしにょらい》を守る守護神とされているからこの範疇に入り、かなりの力を持っていたのであろう。

さて式神がこれらの中でどれにあてはまるのか、あくまでも推測だが陰陽師はこれらすべての霊を使役する呪術を知っていたのではないだろうか。だから式神も用途に応じて使い分けていたと考えられる。ただし、神仏に近いような霊は、やはり安倍晴明のような偉大な陰陽師にしか使役できなかったのだろう。

また式神とは霊的な存在ではなくて、他のことを象徴的に表しているという意見も少数だがある。では他のものとは何かというと大きくは次の二つになる。

◎式神念力説

◎式神隠密集団説

まず式神念力説だが、これは式神というものは陰陽師が持っている特殊な念力のことで、念じただけで物体を移動させたり、破壊したりできるいわゆる超能力（サイキック）のことではないかという説である。

この念力が強ければたとえ人であろうとも殺すことができる。このような念力をサイコキネシスと呼ぶが、実際このような特殊能力を持っている人は現実にも存在すると考えられ、旧ソ連やアメリカでは軍事的な意味から極秘に研究されていたとも言われている。

もちろん、このような念力は人の目には見えないから、式神という空想の産物の仕業として、昔の人が解釈していたとしてもおかしくはない。特に安倍晴明を見てみると、その透視能力や予知能力といったものは、修行して呪術を習得したというよりも、むしろその能力は幼少の頃から発揮しており、天性のものと思えるふしが多々見られる。ましてや晴明は陰陽寮では、主に天文道と暦道の研究に没頭しており、呪術的なことを学ぶ陰陽道コースに所属してはいなかったのである。

だからと言って、晴明に呪術的な知識がまったくなかったというわけでもない。おそらく晴明の持って生まれたサイキック的な素養と、陰陽道で学んだ呪術がうまい具合いに合体して、人並み外れた威力を発揮させたのだろう。

二番目の式神隠密集団説は、式神とは非公式に暗躍していた隠密集団であり、主に朝廷内の人物に裏で雇われて、いろいろな諜報《ちょうほう》活動や、あるときは公家たちの権力闘争に乗じて、暗殺活動まで行っていた人々ではないかという説である。

つまり、言い換えれば忍者のような人たちだったというのだ。一部の歴史学者の中にもこの説を主張する人もいて、戦国時代には陰陽師は地方に流れ、各地の武将の軍事顧問や相談役のような仕事をしており、甲賀《こうが》忍者などは、もともと下級の陰陽師から発生した集団であるという説もある。

さらに現実的な説としては、当時の人々にあまり知られていない技を持った、渡来系の職人集団ではないか、というものもある。最先端の技術は、人ならぬ者の技として人々の眼に映ったかもしれない。

そのようなことを総合して考えてみると、式神とは陰陽師によって指令を受けて影のように動き、その使命を確実に果たす裏の世界に生きる人々だったということになる。

このように式神というものは、今でもその正体ははっきりわからない。しかし、後世、さまざまな伝説などによって語られた陰陽師、とくに安倍晴明に関して言えば、式神は無くてはならない存在である。

民間に行き渡った〝まじない〟

陰陽道の呪術は時が流れるとともに民間へと流れていった。その中には一般庶民にまじないとして定着していったものが多くある。それらのまじないのルーツはほとんどがはっきりしていないが、陰陽道の呪術が時代とともに変容していった可能性がかなり高い。その中からよく知られている呪術を紹介していこう。

●赤い色のものを身に付ける呪術

赤は魔除けの効果があると言われている。陰陽道で言えば火を象徴し、穢を消滅させる力があると考えられていた。よく密教でも護摩《ごま》を焚《た》いたりするが、火の力は魔を消滅させる効果があるからだ。時代劇で妻が出がけの夫に火打ち石を打ち合わせるシーンが見られるが、あれも魔を祓い無事に帰ってくることを願って行う一種の呪術儀礼なのだ。

このようなことから人が身に付けるものにも当然赤い色がよく使われるように

なった。昔の日本で最もポピュラーな下着である「赤ふん」もその一つだ。昔の男の子は五、六歳になると赤いふんどしを締めはじめ、同じように女の子も初潮を迎えると赤い腰巻を付け始めた。

年寄りだって例外ではない、還暦《かんれき》の祝いには赤いちゃんちゃんこや帽子を身に付けるが、これも赤が厄を祓って長寿を願うという意味合いからきているのだ。また、赤は太陽も象徴し再生という意味も含まれており、十干十二支の組み合せが六十年で一回りするので、また一から出直しということから、赤いちゃんちゃ

◉「六十干支」一覧表

1 甲子	11 甲戌	21 甲申	31 甲午	41 甲辰	51 甲寅
2 乙丑	12 乙亥	22 乙酉	32 乙未	42 乙巳	52 乙卯
3 丙寅	13 丙子	23 丙戌	33 丙申	43 丙午	53 丙辰
4 丁卯	14 丁丑	24 丁亥	34 丁酉	44 丁未	54 丁巳
5 戊辰	15 戊寅	25 戊子	35 戊戌	45 戊申	55 戊午
6 己巳	16 己卯	26 己丑	36 己亥	46 己酉	56 己未
7 庚午	17 庚辰	27 庚寅	37 庚子	47 庚戌	57 庚申
8 辛未	18 辛巳	28 辛卯	38 辛丑	48 辛亥	58 辛酉
9 壬申	19 壬午	29 壬辰	39 壬寅	49 壬子	59 壬戌
10 癸酉	20 癸未	30 癸巳	40 癸卯	50 癸丑	60 癸亥

んこを身に付けるのだという説もある。

●千人針と千羽鶴

戦争体験者なら「千人針《せんにんばり》」というものを知っているはずだ。一反のサラシに千個の目印を付けて、その場所に赤い糸などでポッチを作ることだが、一人が一つのポッチを作るので、完成するには千人に頼まなければならない。こうしてできたサラシを巻けば千人力になれる、または千人の人に守られているといった意味を持つ呪術なのだ。出征する兵士たちに千人針を入れたサラシを渡して無事生還することを願ったのである。

同じようなものに「千羽鶴」を折るということがあるが、なぜ、千という数字にこだわるのかというと「鶴は千年、亀は万年」というようにめでたく長寿を象徴する数字だと思われていたからだ。

他にも眼病の「ものもらい」の名称は七軒の家から食べ物をわけてもらうと治るという呪術が語源となっているし、子供が丈夫に育つために三十三軒の家から布切れを集めて着物を作って子供に着せるなどというような他人の力を借りて行う呪術などもあった。

●悪霊を寄せ付けない呪術

よく霊柩車に出会ったら両手の親指を隠せという言い伝えがある。親指を隠すことは手印《しゅいん》といって密教などで経文を唱えながら手を組んだり、忍者が姿を消すときに手を組むことと同じ呪術的意味合いが強いのだろうが、その起源のはっきりしたことはわかっていない。

なぜそんなことをするのかというと、昔は人が死ぬとしばらくこの世とあの世の境をさ迷い、生きている人間にとり憑くことがあると信じられていたからだ。それを防ぐためのまじないが親指を隠すことだった。逆に死体を守る呪術もあり、死体に悪霊が入り込まないようにその上に刀やその他の刃物を置くというようなこともされた。

親指を隠す呪術は他の状況でも使われた。病人がいる家に行くときは両手の親指を握って「棟《とう》が九つ戸がひとつ、我が行く先はヒイラギの里」という呪文を唱えると病気がうつらないというものである。由来はよくわからないが、これは着いてくる病魔からうまく逃れるように考え出された呪文であろう。

厄除けの呪術としては「子供るす」というものがある。これは子供を病魔から避けるために、家の門口などに「子供るす」という文字を墨で書いたあわびの貝殻を吊す呪術で、これを読んだ疫病神が子供はいないと思って通りすぎる、という効果を期待して行われたものである。

なぜ、あわびの貝殻を使ったのかというと内側がキラキラと光るので疫病神の目をくらますと思われていたらしい。

●「ちちんぷいぷい」のルーツ

呪術の中には口で唱える呪文をよく使うことがある。陰陽道で祭祀の際に使われる高度で難しい呪文は別として、一般庶民の中には簡単に誰でも唱えられる呪文が多くある。

誰もが一度は耳にしたことがある呪文と言えば「ちちんぷいぷい」というものがある。ころんですり傷をつけた子供に、母親が傷口に息をかけて唱えるものだが、これは実は「智仁武勇《ちじんぶゆう》は御世の御宝」という格言が語源である。「智仁武勇」

がなまっていつの間にか「ちちんぷいぷい」に変化したと言うのだ。むしろ「痛いの痛いの飛んでいけ」のほうがわかりやすくてよいとも言える。

危険を察知して逃げながら唱える呪文に「くわばら、くわばら」というものがあるが、これはもともと雷除けの呪文だった。この呪文の語源は大昔、ある農夫の井戸に雷神が落ちて、驚いた農夫が井戸にふたをして閉じ込めてしまった。雷神は「ワシは桑の木が嫌いだから、桑原、桑原と唱えれば二度とお前の所には落ちない」と言ったことからきているらしい。

一説には、この雷神は鬼神となった菅原道真《すがわらのみちざね》であったという（一八三頁参照）。道真の領地が桑原にあったため、自分の領地は傷つけないだろう、という判断で、桑原の名を唱えるようになったという。

こうした言葉遊びのようなまじないには、他に魚の骨がのどに刺さった時に「鵜《う》ののど、鵜ののど、鵜ののど」と三回唱えれば骨がとれるというものなどがある。ご存じのように鵜は鵜飼《うか》いの漁法で使われる鳥だが、一度飲み込んだ魚を、のどから絞り出して取るということに因んで、骨ものどから取れると考えたのだろう。

☯暦に関係する呪術的な風習

陰陽道では、暦に関する学術的な研究が数多く試されていた。今日まで伝わっている日本の占いのルーツが、暦から生まれたと言っても過言ではない。十干十二支を基本としている暦であるが、ここからは占いだけではなく、多くの呪術的慣習が生まれてきたのだ。

有名なところでは「丙午《ひのえうま》の女は嫁にもらうな」とよく言われる言葉がある。丙午の年に生まれた女性はとても気性が激しく男性を喰いものにしてしまうので避けたほうがよいというもの。

統計学が今ほど発達していないのでこの言葉の信憑性は確かめられなかったはずだが、今でもこれを信じている人は少なくない。気になる人は自分で確かめてみるといいだろう。余談だが実際は、丙午の年に生まれた女性ではなく、丙午の月に生まれた女性が危ないらしい。

さて結婚するにはもう一つ注意しなければならないことがある。それは寅《とら》の年には結婚しないほうがよいというものである。もともと寅の年にはさまざまな事変が起きやすく、なるべく静かにしておいたほうがよいとされていた。それに加えて「寅は千里を行き、千里を帰る」といってどんな遠くへ行っても必ず帰ってくる習性があると信じられていたので、嫁に行ってもいつか必ず実家へ帰ってきてしまうと心配されたのだ。

続いてこれらのことをクリアして無事結婚できたとしてもまだ注意しなければならないことがあった。それは「庚申《こうしん》の夜には交ぐわってはならない」というもの。交ぐわうとは性交することである。日にすれば六十日ごとに巡ってくるので我慢ならないほどのものではないが、とにかくこの日にはセックスはタブーとされていた。

この理由は人間の身体の中には三尸《さんし》という虫が三匹いて庚申の夜になると人が寝ている間に体外へ出て、天の天帝のところへ行き、寄生している人の日頃の罪悪を報告しに行くと言われていたからで、そんな大事な日にセックスしていたのでは天帝に対して失礼と考え慎むようになったのである。

結婚すれば当然子供ができる。そして妊娠したときにも注意しなければならないことがあった。お腹の中で赤ちゃんが動き出すのがわかるようになった頃になると戌《いぬ》の日を選んで腹帯を締める「帯祝い」が行われたのだ。戌は多産でしかも安産が多いと考えられていたからだ。

このように暦では日を選ぶことが重要視されており、慶事などでは特に慎重に選ばれていたのである。日だけではなく時間も選ぶこともあり、よくカレンダーに書かれている大安、仏滅などもその範疇に入る。これは中国の唐の時代に作られた「六壬時課《ろくじんじか》」という吉凶を見る占術がルーツであり、陰陽道の中にも取り入れられている。

大安の日にはいつ何時でも何をしてもうまくいくと言われ、反対に仏滅の日は何事も悪い結果を生むことになると忌避されていた。先勝または赤口は午前中は良いが午後はだめ、反対に先負は午後が良くて午前はだめとされ、友引は朝と夕方は良くて正午がだめというものであった。

ただし、安倍氏とならぶ陰陽道宗家の賀茂家では大安という日は必ずしも何をやっても問題無いという意味ではなく、むしろ、何もやらずに安らかに過ごしていたほうがよい日という解釈をしていたらしい。

日用品として今も使われる呪具

ホウキを昔は呪術の道具として使っていたことを知っているだろうか。古代日本では「オハケ」といって神祭りの日には竹ボウキを逆さまにしたようなものを庭に立てるという風習があった。オハケには食糧を司る穀物や稲の神様が降臨《こうりん》し、後には人の霊魂をもかき寄せる力を持つと信じられるようになった。

お酉《とり》様や戎《えびす》祭りなどでも縁起物として竹製の熊手が売られているが、これも福をかき寄せるといった意味合いが込められているのである。だから、このような神聖な道具を気軽にまたいだりすると「お嫁に行けなくなるよ」などときつく戒められたのだ。

また、長居をする客を早く帰したい場合にもホウキを逆さまにするということがしばしば行われていた。これもホウキを逆さまにすると神様が降りてきて、客が早く帰ってくれるようにしてくれるという呪術であった。また雨降りを止める「照る照る坊主」も古代中国でホウキを持った紙の人形を南天の木に吊すといった慣習から派生したものであると言われている。

ホウキと同様に櫛《くし》も呪具としての付加価値を重く付けられている。櫛は魔除けの呪具として有名で、日本神話の中でも素戔嗚命《すさのおのみこと》が出雲に降臨し、そこでヤマタノオロチの生けにえになりそうだった奇名田姫《くしなだひめ》を救うために、姫を櫛に変えて自分の髪に隠したということが記されている。また古代では既婚女性は髪に櫛を差し、自分は夫の占有物だということを表していた。だから離縁したいときは櫛を投げて捨てるという呪術も行われたという。

鏡も魔を祓う効果があるとされ、古代では神聖な護身用の呪具として扱われていた。その威力は強く、三種の神器の一つとして崇められているほどだ。よくあわせ鏡はいけないと言われるのは鏡に宿っている神を呼び起こし、しかも対立させてはいけないという配慮からきているのだ。

姿を消す隠形《おんぎょう》方術《ほうじゅつ》の威力

安倍晴明が賀茂忠行《かものただゆき》に弟子入りしたきっかけとなった事件は先に述べたが、この時に忠行が使った呪術とは一体どんなものであったのだろうか？　よく忍者が九字を切って姿を消すというものがあるが、あれも隠遁《いんとん》の術という忍術であり、もともとは呪術的なものから由来したものである。この姿を消す術は「隠形方《おんぎょうほう》術《じゅつ》」といって一種の目くらましの術なのだ。

実際には、超能力でいうテレポーテーションのように身体をどこかに瞬間移動させるようなものではなく、その場にいて、ただ透明人間のように姿だけ相手に見えなくする術なのである。この術はかなり古くから使われていたようで、次のようなエピソードが伝えられている。

昔、中国に単《たん》という隠形方術にすぐれた道士がいた。この単に憧れていた金持ちの息子がいた。この息子は何とか自分も隠形の術を身に付けたいと思い、度々家に招いては豪勢にもてなし、術を教えてくれるように頼んだ。しかし、いくら頼んでも単はその術を教えようとはしなかった。業を煮やした息子はその理由を問いただした。

すると単は「あなたに術を教えたくないのではありません、あなたが術を悪用するとは思えませんが、若いからもし婦人の寝室に忍び込むようなことをされれば、この術を教えた自分にもその非が及ぶことになるので…」としぶしぶ弁解するだけで、決して教えようとはしなかった。

憤慨した息子は、ある日下男たちに単を呼び出し袋叩きにしてしまえと命令した。息子は単が隠形の術を使うことを知っていたので事前に呼び出した場所に灰をまいておくことも忘れなかった。

呼び出された単は自分の身に危険を感じ、隠形の術を使って逃げようとしたが、足跡が灰の上にくっきりと残ってしまったので、下男達は難なく単を打ちのめしてしまった。

しばらくして単が下男達のところに餞別《せんべつ》を持ってやってきて「もう、あなたたちとは一緒にいられません」と告げる。それを聞いた息子も自分のところにも挨拶にくるのが当然と思い、単を呼び出した。

息子の前に来た単は急に壁に門のある城の絵を描き出した。描き終えると単はその門の部分をそっと押したのだ。するとなんと門が開くではないか。単は荷物を門の中に投げ込むと、笑いながら急いで門の向こう側に飛び込んでいった。それを見た息子はしばしの間茫然と立ちつくしていたという。

呪術と言い伝え

世の中には根拠がわからないものの長く言い伝えられ、昔から信じられている呪術的な慣習がたくさんある。これらを単に俗信や迷信とかたづけてしまうことは簡単だが、それらの中には先人たちの経験に基づいた生活の知恵が詰まっていて、それは一つの文化でもある。文化を否定する人間は決して文化的とは言えない。真の文化人とはたとえそれが無駄と思えるようなことでも大切に守り後世に伝え続ける姿勢を持つものである。

今でもクシャミをすると「きっと誰かが噂しているんだな」と言う人がよくいる。実際には鼻の粘膜に異物が付着した際に起きる一種の身体の防衛反応なのだが、何でそれが噂話と関係があるのかまったくわからない。このようにまるで関連性のない二つの出来事を結びつける想像力は一体どこから出てくるのであろうか。それはアナロジー的発想とも言える。一つクシャミが出ると誰かが褒《ほ》めており、二つ出れば誰かに悪口を言われており、三つ出ると誰かに好かれていて、四つになるともう風邪をひいているのだという落ちまでついているのだ。四つ出ると風邪をひくというのは単なる落ちではなく夜風（四風邪）に当たると風邪をひくという忠告の意味があるという。

このように単なる語呂合わせ的な発想のまじないめいたものは今日でも作られている。ウンコを踏むと運が付くからいいのだ、とか、禿げている人の頭をさすって怪我（毛が）がないようにと手を合わせるなどである。

もともと、日本人は何でもいい加減に済ませてきた民族である。むしろ、なんでもかんでも科学的でないものは排除しなければという風潮はせいぜい百年位前から始まったことで、それ以前はほとんどの人が今まで紹介してきたような、根拠の怪しいまじないに支配された世界観の中で生き生きと暮らしていたのだ。

これから将来どんなに科学が進歩しても、まじないの世界は消えないだろう。

第四章 陰陽道が作った闇の古代史

物部《ものの》《べ》・蘇我《そが》の政争と陰陽道

陰陽道が初めて日本に入ってきたのは五一三年である。当時の日本の天皇は継《けい》体《たい》天皇で、この天皇は謎に包まれた人物としても有名である。日本の古代史研究家の中には、継体天皇は政治的な意味で何者かにより作為的に擁立された天皇である可能性が高いと見ている人が少なくない。それを裏づけるように継体天皇は即位後二十年も経ってから、歴代天皇がいた大和《やまと》に入っているのである。これはどう見ても不可解で、大和に入れない理由があったと考えられる。

では誰が継体天皇を擁立したのかというと、それは当時の河内《かわち》、和泉《いずみ》地方を本拠にしていた古代の豪族大伴《おおとも》氏であるという見方が強い。大伴氏は後に陰陽道界随一の陰陽師安倍晴明《あべのせいめい》を育てた、賀茂忠行《かものただゆき》の祖先にもあたる。当時、大和にはすでに物部《もののべ》氏や蘇我《そが》氏といった大氏族が居たため、大伴氏は容易に大和入りすることができなかったのであろう。そんな天皇をも巻き込んだ氏族間の権力争いのさなかに、陰陽道は遙々《はるばる》海を越えて百済《くだら》からやってきたのである。

それは『日本書紀』に継体天皇七年に百済から五経博士《ごけいはくじ》・段楊爾《だんようじ》が、学者人材として献上されてきたと記されている。前述のように、五経には易経《えききょう》も含まれているから、陰陽道的思想はこのとき初めて日本に入り込んだこととなる。

さて、その後日本では五三八年、欽明《きんめい》天皇の時に今度は仏教が伝来する。そして、それがきっかけとなって、日本史上最大の宗教戦争が勃発するのだ。それは当時、大和朝廷内で実質的に権力を二分していた物部氏と蘇我氏の争いのことである。

物部氏は古代氏族の中でも最も歴史が古い氏族の一つで、日本古来の神道を崇敬していた氏族であった。その氏祖は、天照国照彦火明櫛玉饒速日命《あまてらすくにてるひこほあかりくしたまにぎはやひのみこと》と言って、太古の大倭国鳥見白庭山《おおやまとのくにとみのしらにわやま》に、天磐船《あまのいわふね》に乗って降臨したと伝えられる神様なのだ。

伝承によれば、この神は『十種神宝《とくさのかんだから》』という十種の絶大な霊力を秘めた神宝を奉じ、饒速日命自体も死者を蘇らすことができる霊力を有していたと伝えられている。

一方、蘇我氏のほうは渡来系氏族であり、大和朝廷では今の大蔵大臣のような要職を司っていた。また、朝鮮半島を経由して入ってくる外来文化を、積極的に取り入れる立場でもあった。したがって、陰陽道も仏教に習合した形の外来文化として、蘇我氏側にはすんなりと受け入れられていったのだ。

この二氏族の争いにも、陰陽道の「祥瑞災異説《しょうずいさいいせつ》」というものが、大きな影響を与えていた。祥瑞災異説とは、統治者や支配者が良い行いをすればめでたいことが起こり、反対に悪ければさまざまな災いが起きるということである。物部氏、蘇我氏両氏族ともこの説を利用して争ったような形跡が見られるのだ。

それは大和に天然痘《てんねんとう》が流行ったことが引き金となった。まず物部氏は、この疫病は日本古来の神々をないがしろにして、仏教を興そうとしているから起こったのであり、これは日本古来の神々の祟りであると、当時の天皇の敏達《びたつ》天皇に直訴したのだ。天皇はそれを認めて「仏法をやめよ」と詔《みことのり》をする。物部氏は待ってましたとばかりに仏塔を切り倒し、仏殿を焼き、仏像を難波の堀江に投げ込んだりして、仏教弾圧を敢行していったのである。

こうして一時は、蘇我氏側にとっては不利な状況が続いた。しかし、その後再び、天然痘が流行り、今度は当時の天皇で聖徳太子の父にあたる用明《ようめい》天皇が病に倒れてしまった。蘇我氏側は天皇が病になったのは、仏法をないがしろにした報いであると主張した。仏教は病気を治すこともでき、もし死んだとしても帰依《きえ》すればかならず浄土へ行けると天皇にアピールした。天皇はこの主張を受け入れ、「仏教に帰依する」と自ら宣言したのである。

これを契機に形勢は逆転、今度は物部氏側が窮地に追い込まれていった。ついに最後には両氏族は武力抗争に突入、最終的には蘇我氏側が勝利を迎えたのだ。この蘇我氏側の勝利の裏には、聖徳太子の存在が大きく影響していたことを忘れてはならない。

☯呪術で物部氏を滅ぼした聖徳太子

聖徳太子は、謎に包まれた人物である。この人は馬小屋で生まれたと伝えられており、厩戸皇子《うまやどのみこ》という幼名がある。皇子である太子が、なぜ馬小屋で生まれなければならないのか、よく考えれば不思議なことだ。ここで思い出されるのがイエス・キリストの出生談である。キリストも太子と同じく馬小屋で生まれたと伝えられているからだ。

太子が馬小屋で生まれたという話は、このキリスト出生談がモチーフとなって作られたのではないだろうか。それを裏づけるような説があるのだ。

聖徳太子の幼少の頃の家庭教師であった秦河勝《はたのかわかつ》という人物がいるのだが、この人は秦氏という氏族出身の人で、秦氏は渡来系民族であった。その秦氏のルーツは秦《しん》の始皇帝《しこうてい》であるとされているが、実際は失われたユダヤ十種族の一種族だという説もある。

秦氏はイスラエルを追放された後、まず中国に入り、ユダヤ・キリスト教をもとにオリジナルの宗教（景教《けいきょう》）を作り、その後、朝鮮半島を経由して日本に入ってきた種族だという説である。

もし、それが事実ならば秦河勝によって、太子は景教の影響を受けていたことになる。そして、秦氏が太子を聖人視させるために、キリスト出生談に習い太子を馬小屋で生まれた人物という伝説を、作りあげたとしても別に不思議ではない。

また、太子が一度に十人の話すことを聞き分けたという逸話があるが、これを単に超人的な聴覚の持ち主と解釈するのは早計である。それよりも太子がいくつものの外国語をマスターしていて、それらを難なく理解できたと解釈するほうが現実味がある。なぜなら家庭教師である秦河勝はユダヤの言語は元より、移動した先々でマスターした中国語をはじめ、朝鮮半島の言語にも通じていたに違いないからである。

このような背景から見ても、聖徳太子は仏教をはじめ異国の文化を積極的に取り入れることが、日本にとって重要なことであると強く感じていたのだろう。もちろん、その外来文化の中にも陰陽道は含まれていた。それゆえに外来宗教の受容に異を唱える物部氏に対して、太子自らも対立したのである。

聖徳太子《古画類聚・図版篇》
（東京国立博物館蔵）

しかし、その対立の方法が少し変わっていた。

蘇我氏と物部氏の最終決戦の際、蘇我氏側にいた太子はまだ十四歳であった。もともと武門の家柄でもある物部氏側のほうが、武力においては蘇我氏よりも数段勝っていた。そんな戦《いくさ》に、ひ弱な太子をなぜ引き連れて行ったのか、普通は戦力になるよりも足手まといになると考えたほうが妥当である。

そこにはちゃんとした理由があったのだ。太子を実戦に参加させるために連れて行ったのではなく、太子の呪術力を期待していたからなのだ。

太子は霊木で四天王（持国天《じこくてん》、増長天《ぞうちょうてん》、広目天《こうもくてん》、多聞天《たもんてん》）の像をつくり、「私たちを勝利に導いてください、もし勝てたならばあなたがたの寺を建立することを誓います」と一生懸命に祈願した。つまり太子は武器を持つのではなく、仏に祈ることで戦いに参加したのである。その成果があってか、蘇我氏側が見事勝利を得ることができたのである。

ただ、このことに関しても少々疑問が残る点がある。それは本来、太子は平和主義者で戦いを好まない温厚な性格だったからだ。蝦夷《えみし》が大和付近に近づいた時も、年若い太子が天皇から意見を求められると、武力行使ではなく懐柔策を進言して、徹底抗戦を避けているくらいなのだ。あくまでも推理だが、おそらく太子は積極的に戦場に赴いたというよりも、血のつながりがある（母は蘇我氏の血を引く穴穂部皇后《あなほべのこうごう》である）蘇我氏側の要請があって、やむなく義理で参戦したのだろう。そして、自分は武力行使するのを避けるために、一心不乱に仏に祈願していたと考えられる。

陰陽道が聖徳太子に与えた影響

物部氏に勝利した蘇我氏はその後、ますます勢力を拡大させた。その結果、外来宗教である仏教や陰陽道も難なく日本に定着できるようになった。同時に大和朝廷も律令国家としての基礎固めを進めていく。聖徳太子もその明晰な頭脳で大いに貢献している。太子は「冠位十二階」や「十七条憲法」などの政策を考案したが、そのモチーフになったのがなんと陰陽道の思想だったのである。

まず「十七条憲法」だが、なぜ十七条にしたのだろうか。この十七という数字は中国の文献『管子《かんし》』『春秋緯書《しゅんじゅういしょ》』に基づいていて、陰陽道の陰の極数八に陽の極数九を足した数字だという。また「十七条憲法」の中にある「和を以《もっ》て貴しと為《な》し」という言葉も、北魏《ほくぎ》の文帝が書いた『六条詔書《ろくじょうちょくしょ》』にある、陰陽道的意味合いでの男女和合の大切さを説いたものをモチーフにして、それを政治的理念に書き換えたものだという。

官位制を決める「冠位十二階」であるが、それまで家柄などによって決められていた世襲的な姓《かばね》制だけで官位を決めるのではなく、有能な人材をどんどん登用させるために太子が新たに作った制度である。

その冠位は徳、仁、礼、信、義、智の順位で六つあり、それぞれの冠位が大と小の二種類に分けられるので全部で十二の冠位が制定された。最高位の徳は古来中国では最も尊い色とされた紫の冠、仁から智までの五冠位は陰陽五行説に基づいて青、赤、黄、白、黒という冠の色が定められたのである。

大小ある冠は大のほうが濃い色、小のほうには淡い色が配色され色の濃淡によって官位が区別された。また、白と黒の場合は色の濃淡では区別できないので、素材である絹の織り方の最もきれいなものが大、その次が小というように区別していたという。

陰陽道に基づく日本の元号

現在は一世一元号といって、天皇陛下が代わらない限り元号を代えない制度になっているが、明治時代以前は元号はたびたび代えられていたのだ。このように元号を改めることも、陰陽道の祥瑞災異説に大きく影響されているからである。治世者が良い行いをすれば天下に良いことが起こり、悪政がはびこれば悪いことが起きるという考えに基き、何か大きな事件があるたびに元号は代えられてきたのである。

また天が喜んでいることは、気象現象や普段見られないような珍しい動植物の出現などにより、知ることができると信じられていた。たとえば慶雲《けいうん》、麒麟《きりん》、鳳凰《ほうおう》、神亀《じんき》、白狼《はくろう》、赤兎《せきと》、白狐《びやっこ》、赤雀《せきじやく》、赤鳥《せきちよう》などである。

とにかく珍しいものが現れた場合に、「めでたい」こととして元号を改めていたのだ。

歴史の編纂も、陰陽道の影響を受けて行われていた。聖徳太子は陰陽五行説に基づき六十年を一元とした。一元は十干十二支の組み合せである。そして二十一元を一蔀《ぼ》とした。そして世の中は一元ごとに大きな変動を迎え、世の中には革命が起きると考えられていたのだ。そこで太子は歴史の編纂を始めた六〇九年から、一蔀前の年を神武元年（紀元前六六〇年）とし、日本国家が誕生した年として定めたのである。

式《ちょくせん》占により勝機をつかんだ天武天皇

蘇我氏は、政敵と思える人物は容赦なく葬り去っていった。その中には、物部氏を倒すときに協力した聖徳太子とその一族も含まれていた。このままでは蘇我の専横が続き、天皇家の存続までもが危ういと感じた中臣鎌足《なかとみのかまたり》（後の藤原鎌足《ふじわらのかまたり》）は、中大兄皇子《なかのおおえのおうじ》（後の天智天皇《てんち》）と組んで、蘇我氏打倒のためにクーデターを計画する。その計画は見事に成功し（大化改新《たいかのかいしん》）、新たな政治改革が進められることになった。

中大兄皇子は大和朝廷の勢力を拡大し、外交政策も積極的に行っていった。当時、朝鮮半島にあった百済は、唐と新羅《しらぎ》の連合軍により侵略されつつあった。大和朝廷は百済に協力して半島への進出を試みる。しかし、それは完全に失敗した。六六三年の白村江《はくすきのえ》の戦いに破れた日本軍はやむなく朝鮮半島から撤退、その失敗の責任は天智天皇によるものであるとして、にわかに弟である大海人皇子《おおあまのみこ》（後の天武天皇《てんむ》）を擁立するべきだという声が朝廷内で高まっていった。大海人皇子は外来文化に対する学識があり、性格的にも慎重であったため人望も厚かったのである。

そのことに危惧した天智天皇は、自分の皇子に皇位を継承するために大海人皇子の殺害を企てる。大海人皇子の廷臣は逆に政権をとることを進言するが、なかなか当の本人は吉野に隠れたまま動こうとはしなかった。その理由というのが陰陽道の式占《ちょくせん》で占った結果「今は動く時期ではない」と出たからなのだ。大海人皇子は陰陽道の式占の正確さを完全に信じていたのである。

その後、天智天皇は死去、今度はその皇子である大友皇子《おおとものみこ》は皇位を継ぐには大海人皇子が邪魔と判断し挙兵する。しかし、この時は大海人皇子もただちに挙兵し、日本古代史上最大の戦い「壬申《じんしん》の乱《らん》」が勃発する。

この時、大海人皇子は自分が陰陽五行説で言う「火」の力を背負っていることを知っていたので自軍の旗を赤色にした。挙兵して伊賀を越える時に黒雲が立ちのぼったのを見て、式占で占ったところ「天下が二つに割れ、後に自分のもとに帰る」との結果が出た。そこで皇子は自信をつけて戦に臨み、見事占いの答え通りに勝利を得て、ここに天武天皇が誕生したのだ。

陰陽道流出を恐れた大和朝廷

「壬申の乱」に勝利した天武天皇は、「天文や遁甲《とんこう》をよくされた」と『日本書紀』に明記されているほど、陰陽道に精通していた。遁甲とは古代から伝わる陰陽道の影響を受けた一種の兵法であり、風水の知識と時勢を読み、行動する極意を表している。したがって、このような知識が外に流出することを危険視した天武天皇はついに陰陽寮を作り、国家直属の機関として完全に民間に流出することをストップさせてしまったのである。

それまでも、朝廷は陰陽道の流出にかなり神経質であったが、それを示すエピソードとして次のような話もある。

時は大化改新の前年（六四四年）のこと、富士川の付近で「常世神《とこよのかみ》」という蝶の幼虫を信仰する今で言うならば一種のカルト教団が現れた。この幼虫を祀《まつ》ることで長寿が得られるというので、入信する民衆は急増した。

その騒ぎに気づいた朝廷はただちに秦河勝を現地に派遣し、その教団の教祖である大生部多《おおうべのおお》という人物を杖で打って罰したのである。その効果があって民間にそれ以上「常世神」信仰が広まることはなかったが、なぜそこまで朝廷は神経質になったのか。

その理由は、定かではない。富士川と言えば東国にあり、当時としてはかなり大和からは離れている場所だ。辺鄙《へんぴ》な片田舎で起きた民間宗教団体になぜ朝廷がそこまで神経質になったのだろうか。

それは大生部多という人物はかなりのカリスマ性を持った渡来系の人で、恐るべき呪術を駆使して民衆を惑わし、いつ謀反を起こすかわからないと危惧したからだと思われる。だからこそ、呪術に対抗するために、陰陽道に長けていた秦河勝を朝廷はあえて派遣したのではないだろうか。

☯国家機密機関でもあった陰陽寮とは何か

天武天皇によって陰陽道は国家公認の宗教として、その地位を確立することができた。陰陽寮《おんみょうりょう》という機関が平安京に建てられたのだ。では陰陽寮とは一体何をする機関だったのだろうか。

その答えは簡単である。まず優れた陰陽師を数多く養成すること。次にその豊富な天文、暦、占術などの知識と呪術力で天皇と朝廷の安泰を守ることである。

陰陽寮は太政官八省のひとつである中務省《なかつかさしょう》に属していた。ここは天皇の詔勅文の審査、宣旨や上奏文の処理、国史を編纂、ほかに諸国の戸籍や朝廷の宝物の管理などをしていた役所であった。

陰陽寮は、朝廷から派遣された長官（陰陽頭《おんみょうのかみ》）の下に四人の役人がいた。実務では四人の博士（陰陽博士《おんみょうのはくじ》、暦博士《こよみはくじ》、天文博士《てんもんはくじ》、漏刻博士《ろうこくはくじ》）が技官として、その下に六人の陰陽師が博士を補佐する役目を任されていた。漏刻博士とは、水時計の管理や宮中行事や天皇のスケジュールを管理する人である。その漏刻博士

陰陽師《東北職人絵合》(東京国立博物館蔵)

の下にも二十人の助手がいた。その他、雑役夫が二十人あまり従事していたという。

陰陽道を学ぶための養成コースは陰陽道、暦道、天文道の三コースあり、それぞれのコースは十名しか学べなかった。まさに少数精鋭のエリート養成機関である。成績優秀なものは得業生《とくぎょうせい》と呼ばれ、一人前の陰陽師として認められた。ただし得業生になれるのは陰陽道で三人、暦道で二人、天文道で二人とごく少数であった。

どのようなことを学ぶのかというと、陰陽道コースでは陰陽五行説に基づく易学その他の占術と祭祀、風水などの呪術などを学び、天文道コースでは天体運行、観測技術及び、それを利用して天の法則を解析して吉凶を判断すること、暦道コースでは月日の運行を測って正確な暦を作り、日時や方位に関する吉凶を判断することなどを学んでいたのである。

もちろん、ここで学んだことは、すべて実践的に役立つことばかりであったので、各コースをマスターした者は陰陽師としての資格を与えられ、即戦力として朝廷に仕えたのである。

陰陽寮は秘密主義であり、ここで得られた情報が外に漏洩《ろうえい》することを厳重にチェックしていた。陰陽寮で使われる道具類は一切外には持ち出せず、私有は禁じられていた。また陰陽寮内にある書物関係も門外不出で、陰陽師以外は読むことを許されていなかった。もし、この規則を破った場合には厳しい罰則規定があったという。

天武天皇は陰陽道にかなり精通していて、陰陽寮の中に日本で初めて天文観測のための占星台《せんせいだい》を建てたのも天武天皇である。占星台とは今で言うならば天文台であるが、当時としてはかなりの国家予算をつかっている。なぜ、そこまで力を入れたのであろうか？　それは天武天皇自身が陰陽道の持つ恐るべき力を真剣に信じていたからだ。その力がもし外に出てしまったら、それこそ朝廷にとっても一大事だったのだ。だから国家直属の官僚機関として、外部との接触を一切遮断して、陰陽道の独占を計ったのである。

日月封じを使った陰陽師

陰陽師といえば平安朝で活躍した安倍晴明の名がすぐに浮かび上がるであろうが、それ以前にも晴明に勝るとも劣らないほどすぐれた資質を持った陰陽師は何人かいた。

なかでも吉備真備《きびのまきび》という人物は群を抜いている。伝承によるとこの人は相当強力な呪術を使うことができたと伝えられている。それはなんと月と太陽を封じてしまう呪術というのだ。

吉備真備は学業のほうも抜群の人で、学者としても超一流であった。それゆえ大陸の先進文化を学んでくる使命を受けて、遣唐使として唐に派遣されたのだ。唐に渡ってからもその天才振りを発揮して、その才能に唐の人たちでさえ舌を巻いたほどであったという。

ただしどこにでもやっかむ者はいるもので、真備の才能を妬み恐れをなした唐の官僚や政治家たちは、真備の弾圧をはじめたのだ。彼らは真備を楼《ろう》に閉じ込め帰国をさせないようにし、数々の難問をふきかけてなんとか屈伏させようと躍起になった。

そんな折、真備は超常現象を体験する。真備の前に鬼神が現れ、自分の正体は以前日本から来た安倍仲麻呂《あべのなかまろ》（安倍晴明の先祖）であると告げたのだ。そしてそれ以後、鬼神は唐人たちから苦しめられる真備をいろいろと手助けしていったのである。

鬼神の助けもあってどんなに難問、奇問を出しても解決してしまう真備に苛立った唐人たちは、ついに真備の殺害を決断する。唐人たちの悪企《わるだく》みを知った鬼神は、そのことをいち早く真備に告げると、真備は作られてから百年経った双六《すごろく》の筒と双六の盤を手に入れたいと頼んだのである。

真備の言う通りに、鬼神は指定された道具を揃えてやってきた。真備は秤《はかり》の上に筒と盤を乗せると筒を覆った。すると月と太陽が消失し、一瞬にして唐の国全体が暗闇の世界になったのである。この異常な現象に驚いた唐の皇帝は、すぐに方術使いにその原因を究明させると、月と太陽を消したのが真備だということがわかった。

皇帝に派遣されてやってきた役人が、厳しく真備を詰問をした。

「そんなことは知りません、ただ、あなたがたが私を責め滅ぼそうとしているので、日本の神仏に加護を祈念しただけです。私を日本に帰してくれるなら再び月と太陽は現れるかもしれません」

と真備は涼しい顔で答え、筒の覆いをとった。するとたちまち消えていた月と太陽が現れ、唐の国は明るくなったのである。こうして晴れて無事日本に帰国した吉備真備は、以後政治家としても優れた手腕を見せ数々の朝廷の危機を救ったという。

真備の他にも平安初期になると、すぐれた陰陽師が何人か出現している。有名なところでは弓削是雄《ゆげのこれお》と滋岳川人《しげおかのかわんど》の二人の名前が挙げられる。

弓削是雄は占験の名人と呼ばれ、彼の占術の腕前は抜群であった。弓削という姓は前述の蘇我氏との権力闘争に破れた物部氏の支流とも言われている。物部一族は武門の家柄で有名だが、本来は武術よりも古神道に由来する、高度な占術や呪術を有する一族として名を馳せていた。物部の物《もの》とは物質のことではなく魂のことを表しているのだ。だとすれば、その一族の血を引く弓削是雄、または後述する弓削道鏡《ゆげのどうきょう》らが、すぐれた占術や呪術を操る才能を持っていたとしても、なんら不思議なことはない。

弓削是雄のエピソードに次のような話がある。出張先でたまたま是雄と同宿した徴税吏《ちょうぜいり》が、悪夢にうなされていた。是雄は夢占《ゆめうら》といって、夢の内容からこれから起きることを判断する占術を使って徴税吏の悪夢を見てみると、原因は鬼が徴税吏の命を狙っていると出た。次に是雄は式占で占って見ると、家の寝室の鬼門（東北）の方角にその鬼が隠れているのがわかった。そこで是雄は家に帰ったら、弓をその方角へ向けて威嚇してみるようにとアドバイスしたのだ。

徴税吏は家に着くなり是雄に言われた通りに行動すると、寝室の鬼門に隠れていた者が慌てて飛び出してきた。現れたのは手に刃物を持った僧侶で、徴税吏が留守の間、彼の妻と不倫の関係になり、共謀して夫である徴税吏を殺害しようとしたのだと白状したのだ。

陰陽師と巫女《扇面法華経》(東京国立博物館蔵)

弓削是雄のおかげで命が助かった徴税吏は、あらためてその占術の正確さに感嘆したという。

続いて滋岳川人であるが、この人物は陰陽寮で陰陽博士、陰陽頭を歴任したエリートで、陰陽道においては他に並ぶものがいないとまで言われた人物である。

この人の有名なエピソードとしては、恐るべき地の神から、隠形《おんぎょう》の術を使って逃げ延びたという話がある。川人は崩御した文徳《もんとく》天皇の墓陵にふさわしい土地を、大納言の安倍安仁《あべのやすひと》らとともに探していたときに、不覚にも神々の領域で、足を踏み入れてはならない禁足地に入ってしまった。それに気がついた地の神々は川人一行を追いかけてきた。川人と安仁は急いで馬を下り、近くの田んぼの中にあった稲束の中に隠れ、すぐに陰陽道の隠形の術を使って姿を消したのだ。

さすがの地の神々も、隠形の術の効果で川人たちを見つけることができなかったが「このまま逃げられると思うな、我らは大晦日の夜半に再びお前たちを見つけるからな」と捨て台詞を残して立ち去った。

さてその問題の大晦日がやってきた。川人は安仁を嵯峨寺に連れていき、天井裏に隠れて、悪霊を退ける呪文を静かに唱えだした。真夜中になるとどこからともなく異様な風が吹き始め、寺全体が揺れ動きだした。しかし川人は臆することなくそのまま呪文を唱え続けた。やがて朝が来て、地の神々は何処へか引き上げていった。川人は自分の術だからこそ二人は助かったのだ、と安仁に言ったのである。

宿曜の秘法で朝廷を揺るがせた怪僧道鏡

奈良時代後半から平安時代初期にかけては、日本の宗教界はいわばクロスオーバー状態であった。中国、朝鮮半島経由で入ってきた外来宗教を日本にあった形にうまくリニューアルして、日本独自の宗教として定着させていった時期なのだ。陰陽道はもちろん、古神道、道教、仏教、修験道などがいろいろな形で混じりあっていった時期とも言える。

そして、それらをマスターしたスペシャリストがたくさん現れた。その中でも密教が最も人気を博した。密教といえば仏教の中でも、より神秘的、呪術的な要素が強い。普通は空海が唐に渡り、長安で恵果阿闍梨《けいかあじゃり》から直伝に教えられたものを日本に持ち帰ったところから始まったと思っている人が多い。しかし、実はそれ以前にも密教は、日本に雑密《ぞうみつ》と言われた形で存在していた。

その雑密は宿曜道《すくようどう》とも言われ、陰陽道の占星術や薬草に関する知識なども含まれたもので、どちらかというと呪術性を重視した民俗宗教のようなものであった。主に医療的な術を用いていたということで、朝廷においても脚光を浴びはじめていたのだ。そんな時期に突然現れたのが怪僧道鏡であった。

道鏡は河内の豪族と同じ弓削姓を名乗っていたが、実際のところは定かではない。若い頃に葛城山中で密教の修行に励み「宿曜秘法」という呪術を修得したと言われ、いつかその呪術を使い宮廷に進出をはかろう、という野望に燃えていた人物である。

道鏡の宿曜秘法は、人の運命をも変えることができると言われていた。呪術により星の運行に働きかけて変化させることで、星の動きに左右される人の運勢をも変えられると主張したのだ。朝廷人もこのような御利益宗教的発想にコロリと騙されてしまったようで、道鏡は宮廷内でみるみるうちに地位を築いていくことになる。

道鏡の思惑通りに事は進み、称徳《しょうとく》天皇（女帝）にとり立てられ、一介の僧から大臣禅師、太政大臣禅師、挙句の果ては法王の座にまで就いてしまったのだ。もはや道鏡の野望は皇位を狙うだけとなった。そんな折、称徳天皇が霊夢を見た。それは「八幡神《はちまんしん》が奏上したいことがあるので、尼の法均《ほうきん》を遣わせ」という内容だったのだ。八幡神が鎮座している場所は、豊前《ぶぜん》国の宇佐（現在の大分県宇佐神宮）にあり、そこまではるばる行って、神様にお伺いを聞きに行かなければならなくなったのだ。

八幡神とは第十五代応神《おうじん》天皇の神霊であるという説や、古代朝鮮半島から来た原始シャーマニズムを基盤とする呪術宗教の神という説などがあるが、当時はよく当たる託宣《たくせん》の神として、朝廷も一目も二目も置いていた神様だった。さて、重要な役目を背負わされた尼法均だったが、自分の健康状態が思わしくなく長旅は無理と思い、代わりに弟で近衛将監の和気清麻呂《わけのきよまろ》を宇佐に行かせてもらうように天皇にお願いする。その願いは聞き入れられた。和気清麻呂が早速宇佐へ旅立とうとした時、道鏡に良い答えを持ってきたらお前の地位は安泰だと意味深げなことを言われてしまう。

宇佐に着いた清麻呂は、さっそく本宮の比売神《ひめがみ》（卑弥呼という説もある）の隣にある大尾山に遷座《せんざ》している八幡神に神託を伺った。すると長さ三丈、まるで満月のような形象の神様が姿を現し「わが国始まって以来、君と臣の分は定まっている。臣であるものを君とすることは今もってない、皇位の継承は必ず皇室の血を引く者にせよ、それ以外のものは皇室から追い出せ」という託宣を受けたのである。とてもそんな託宣は道鏡に言えない、と困った清麻呂の気持ちを見透かしたかのように、神は「お前は帰って、ただ私の言ったことを伝えよ、道鏡に恨まれることを恐れるな、私が必ずお前を救う」と付け加えたのである。

清麻呂は急いで大和に戻ると、八幡神の託宣を称徳天皇に伝えた。ところが天皇はそれを聞いた途端激怒し、その託宣は清麻呂と法均が共謀して考えた嘘の託宣だと勝手に決めつけ、なんと二人とも配流処分にしてしまったのである。いざというときは助けてくれると言った神様はなんだったのか、その時の清麻呂の心境はとても複雑であったろう。

しかし、なぜ称徳天皇はそれほど激怒したのだろうか。それは道鏡と天皇の間にすでに抜き差しならぬ関係ができていたからだ。俗説によれば道鏡は見事な巨根の持ち主で、女帝はそれによって身も心もすっかり魅了されてしまったと言われている。

このままではこの怪僧に朝廷は乗っ取られてしまうのではないか、と貴族たちは戦々恐々となった。しかし、しばらくして称徳天皇が病に倒れ崩御してしまう。すると藤原氏をはじめ、日ごろから道鏡に反感をもっていた公家たちは、ここぞとばかりに道鏡を朝廷から追放した。もはや後ろ楯のなくなった道鏡は、余生を下野国《しもつけの》（栃木県）で過ごしたという。

さて気の毒な目にあった和気清麻呂だが、藤原百川《ふじわらのももかわ》のバックアップもあって、後に豊前守に任じられ、屈辱を晴らすことができた。

祟りを恐れ京に遷都した桓武天皇

道鏡を追い出した朝廷では、再び藤原氏が権力を掌握し、以前から密接な関係であった白壁王《しらかべのおう》（光仁天皇《こうにん》）を擁立させ皇位に就かせた。その白壁王の長子が山部親王《やまべの》、後の桓武天皇《かんむ》であった。

桓武天皇は即位すると、長岡への遷都計画を推進する。当時の平城京は政治的腐敗や氏族の間の醜い権力闘争に満ち溢れており、違う場所に都を作って気分一新、政治を立て直そうと考えたのだ。しかし、天皇の弟で皇太子でもあった早良《さわら》親王が、それに猛反対したのだ。

桓武天皇は、長岡に遷都して良いのかどうか迷った。その頃、ある奇妙な出来事が起きた。それは難波の宮付近で、体に斑点があるガマ蛙が二万匹も現れ、四天王寺の門内に入ってから四散したというものであった。さっそく天皇が陰陽師にその意味を尋ねてみると、その現象は長岡へ早く移れという神の意向を現したものだ、という答えが返ってきたのだ。

桓武天皇はすぐに遷都を決意、早速長岡で宮殿の建設を始めさせた。ところが視察に来ていた藤原種継《ふじわらのたねつぐ》が矢で暗殺されるという事件が発生した。犯人は大伴継人《おおとものつぐんど》という者で、この大伴一族は早良親王を担いでいたこともあって、首謀者は親王であるという見方が強まったのだ。

桓武天皇にすれば、いずれ早良親王が自分の後を継いで、皇位に就くものと考えていたが、自分にも血を分けた実の皇子、安殿皇子《あんでんのみこ》がすでにいたこともあって、親王に対する猜疑心《せいぎしん》はますます強くなっていった。

そして、ついに早良親王は乙国寺に幽閉された後、淡路島への流罪となった。親王は憤りのあまり断食を敢行、島に着いたときには餓死寸前であったという。やがて親王は無念のうちに亡くなった。島では小さな親王の墓がひっそりと建てられただけであった。

そこから長岡京では次々と異変が起き始めた。皇太后、皇后が相次いで病死、その他にも日照、地震、暴風、寒冷、洪水、疫病の流行、飢饉など次々と長岡京は災難に見舞われていったのである。

桓武天皇は、このような現象は早良親王をはじめ、皇室に恨みを持って死んだ者たちの祟りと考えた。そこで早良親王を追尊し、崇道《すどう》天皇という諡名《おくりな》を与え、墓も立派に建て直させ、陰陽師や僧侶の一団を派遣し手厚く鎮魂《ちんこん》させるように命令した。

後日談がある。いくら朝廷が手厚く鎮魂しても早良親王の怨霊はそう簡単には鎮まらなかったらしい。桓武天皇の後を継いだ平城《へいぜい》天皇は乱行を積み重ね、これも親王の祟りと世間は噂した。そこで、あの真言密教の開祖空海《くうかい》に白羽の矢がたったのだ。空海は怨霊を鎮めるために、早良親王が幽閉されていた乙国寺に一年間滞在して密教の鎮魂儀礼を施した。さすがの空海もこのときは、かなり心身ともに落ち込んだ様子だったそうだが、その後、祟りが治まったかどうかははっきりしたことはわかっていない。

怨霊から都を守る呪術的テクノロジー

怨霊に苦しめられるのを恐れた桓武天皇はわずか十年で長岡京に終止符を打ち、

延暦十三年（七九四年）に都を新たに京へ移すことを決める。しかし今度はあらゆる怨霊や邪鬼が都に入ってこないような、霊的なバリアを張ることを忘れなかった。陰陽師たちは、都に霊的バリア（結界）を張るために「四神相応《しじんそうおう》」という術を使った。

四神相応とは、昔から中国の都市作りの際に採られていた方法であり、北に山があり玄武《げんぶ》が住み、南には大きな池があり朱雀《すざく》が住み、東には清らかな川が流れ青龍《せいりゅう》が住み、西には大きな道があり白虎《びゃっこ》が住んでいれば、四方が防御されて外部から侵略されないという一種の風水術である。

運良く京には北に船岡山《ふなおか》、鞍馬山《くらま》、貴船山《きふね》など玄武が住めそうな山があり、南には朱雀が住める巨椋池《おぐら》があった。東には鴨川が流れていたので青龍が住めるし、西には山陽道や山陰道が走っていたから白虎が住める、といったまさに理想的な場所でもあったのだ。

そして鬼神の通り道と言われ、もっとも忌避された丑寅《うしとら》（東北）の方角には、比叡山延暦寺が置かれ防御体制は整った。また少し後になるが安倍晴明の屋敷もこの方角に建てられている。

菅原道真の怨霊に刀を抜いて向かう時平
《北野天神縁起絵巻》（北野天満宮蔵）

しばらくの間は、霊的防御は成功したかのように見えた。では霊的バリアは完璧だったのかというと、それがどうもそうではなかったようだ。またしても怨霊の仕業による恐ろしい事件が、京の人々を怯えさせたのだ。ことの起こりは菅《すが》原《わら》道真《のみちざね》公が延喜元年（九〇一年）に、太宰府《だざいふ》に左遷させられたことに始まる。

菅原道真公は、今では全国天神社の総本山である太宰府の北野天満宮に奉られている、言わずと知れた学問の神様である。

受験生なら誰でも一度は天神様にお参りして日ごろの努力不足をその御力で、なんとかカバーしてもらうように頼んだこともあるだろうが、この神様は、もともと怖い怨霊として、京の人々を恐怖のどん底に陥れたこともあるのだ。

道真公は五十四歳で右大臣、従二位になった高級官僚であったが、不幸なことに当時は藤原一族が政治の中枢をほとんど掌握していた。頭脳明晰で人柄も良く誠実で、人望も厚い道真公は、ありとあらゆる権謀術数を使って権力を掌握してきた藤原氏にとっては、何かと目障りな存在だったのである。そんな彼が陰謀によって官位を剝奪され、突然太宰府へ左遷されるはめになったのだ。

その陰謀というのは、道真公の娘が醍醐《だいご》天皇の弟である斎世《ときよ》親王に嫁いでいたこともあって、にわかに道真公が親王を皇位につけようと企んでいる、というデマを流されたのだ。

もちろん道真公はそんなことは微塵も考えていなかったのだが、彼を目の敵にしていた藤原時平《ふじわらのときひら》をはじめ、藤原一族は一斉に糾弾したのだ。そして、ついに道真公は太宰府へ左遷されてしまう。それから五年後、失意のうちに道真公は寂しくこの世を去ったのだ。

さて、その直後から四方を守護されているにも関わらず、京に異変が起こり始める。なんと宮中に雷が落ちたのだ。藤原氏ら公家たちは、その物凄い稲光と雷鳴の中に道真公の怨霊を見た。そして、道真公を何かと目の敵にしていた藤原時平は、その直後三十九歳という若さで亡くなる。これを契機に藤原一族は数々の不幸に見舞われはじめた。

時平の死後、弟の忠平が大臣になった時のこと、今まで晴天であったのにも関わらず、愛宕《あたご》山の方角に黒雲がこつ然と現れ、宮廷に近づいてきた。しばらくして、とてつもなく大きな雷鳴が轟くと同時に清涼殿の柱に稲光が走った。柱は燃え出し、炎は辺りにいた公家たちに次々と襲いかかったのだ。その結果、道真公を陥れた陰謀に関わった藤原氏の中に何人かの死者が出たのである。

恐れおののいた朝廷は、ただちに菅原道真に従二位を追贈するが、それでもなお道真公の祟りは治まらず、災いは五十年近く続いたという。

そして、ついに朝廷は道真公に「天満自在天神《てんまんじざいてんじん》」という神としての称号を与え、その怨霊を祀りあげることで、なんとか祟りを鎮めるまでに至ったという。藤原氏にしてみれば身から出た錆《さび》とはいえ、やはり悪いことはできないものである。

平氏滅亡を予言した童子の歌

平安時代には、その驚異的な呪術力で多くの貴族たちから崇敬された陰陽師であったが、武士が台頭した鎌倉、戦国時代になってくると、その活動範囲を朝廷内だけにとどめず各地へ行き渡っていくようになった。

武将の中には「奇門遁甲《きもんとんこう》」など、占術的な戦術を取り入れた者もいた。平家の頭領であった平 清盛《たいらのきよもり》などは、陰陽道の呪術を真剣に信じていたようで、彼が武家としてステータスを築くきっかけとなった、保元《ほうげん》の乱の際にも陰陽道の知識を利用していた。

崇徳上皇《すとくじょうこう》は、嫡子《ちゃくし》の重仁《しげひと》親王を皇位につけようと藤原頼長《ふじわらのよりなが》とともに画策し、後白河《ごしらかわ》天皇を除こうとした。天皇側の守りについていた平清盛と源 義朝《みなもとのよしとも》は逆に白河殿にいる上皇に夜討をかけることにする。

義朝は最短距離で自分たちのいる高松殿から、東の方角にあった白河殿に向かったが、なぜか清盛は別行動をとり、回り道をして白河殿の北側から攻め入ったのである。これにはちゃんとした理由があったのだ。

その日は陰陽道で言うと東の方角があまり良くなかったので、それを知っていた清盛はあえて時間がかかるものの、わざわざ遠回りして方角を変えてから夜討したのだ。その結果、夜討は成功したものの義朝の軍は多くの犠牲を払い、少し遅れた清盛の軍はさほど被害が出なかったのである。

清盛はその後、武士としては異例の出世をして太政大臣《だじょうだいじん》にまでなった。後に清盛は、娘の徳子を高倉天皇の御宮に送り、その皇子の言仁《ことひと》親王（後の安徳《あんとく》天皇）の外祖父として、その地位を不動のものにする。

ただし、不吉な予兆はすでに現れていた。まず、徳子の懐妊がわかった時に空に彗星が現れたが、陰陽師の中には、これは不吉なことの暗示であると見る者もいた。また徳子のお産が間近に迫ったときのこと、母の平時子は橋占《はしうら》を行いに、一条戻り橋へ行った。橋占とは橋に立ち、その時に行き交う人々の発する言葉から自分が一番耳に残った言葉をもとに未来を占うというものだが、その時、時子は歌いながら歩いてくる数人の童子を見かけた。そして、その歌の中の「八重《やえ》の塩路の波の寄す榻《しじ》」というフレーズが耳に残ったのだ。

榻とは牛車の轅《ながえ》に使う木の台のことで、歌は荒波が木の台に降りかかるといった意味のようだが、時子にはその真意がまったくわからなかった。

さて無事に徳子は皇子を生み、盛大な祝賀の宴が催された。清盛は七人の陰陽師を呼んで皇子のために「千度祓い」をさせようとしたが、その中にいた安倍時春《あべのときはる》は宴に集まった大勢の来賓の中を進むうち沓《くつ》を踏まれ、冠は脱《ぬ》げるといった乱れた姿のまま千度祓いを行った。それを見た来賓たちは、その姿があまりにも無様なのですっかり興ざめしてしまったという。

それから八年後、時子に橋占の時に耳に残ったフレーズの意味がわかるときが来た。源義経《みなもとのよしつね》率いる源氏の軍勢に、壇の浦に追い込まれた平氏一門は船で沖へと逃げるが、その際、時子は安徳天皇を抱いたまま海中へ身を投げたのである。童子の歌に出てきた、榻とは安徳天皇のことを象徴していたのである。

男女の交わりは絶大なパワーを生み出す

平安時代末期に、その教えや儀式があまりにも性に対しておおらかなゆえ、淫《いん》祠邪教《しじゃきょう》のレッテルを張られた宗教がある。それは真言立川流《しんごんたちかわりゅう》という密教の一派であるが、この宗教もまた陰陽道の影響を強く受けているのだ。

開祖は仁寛《じんかん》という僧だが、この人はもともと左大臣であった源 俊久《みなもとのとしひさ》という人の三男に生まれたという由緒正しい人である。しかし源俊久が熱心な仏教信者であったため、仁寛は兄とともに幼くして出家させられてしまったのだ。仁寛は出家後、後三条《ごさんじょう》天皇の皇子輔人《すけひと》親王の護持僧にまでなったが、ある時、皇位継承に絡んだ謀略に巻き込まれ、無実の身ながら伊豆へ配流されてしまう。伊豆に着くと仁寛は、そこに住む庶民が都人と違い、とても人間らしい大らかさを持っていることに気づく。今までに経験しないような開放的な気分になった時、仁寛は密教の「理趣経《りしゅきょう》」のことを思い出した。男性を陽、女性を陰として考え、それが交わることで最高の幸せが得られるということを教えている経である。そこで仁寛は妻帯して庶民に仏教を教えはじめた。庶民も仁寛の人柄が良いこともあって次々と信者となっていった。

話は少しそれるが、この「理趣経」という経典は空海と最澄の仲たがいの原因になったものでもある。空海が持っていたこの経典を最澄が借用したいと申し出たが、空海はそれを断ったのだ。空海としては意地悪をして貸さなかったわけではなく、この経典は密教の中でも非常に難解で、ややもすると誤解して大変なことになる恐れがあると感じ、この経典を秘典として、一般の人には決して見せていなかったからだ。おそらく自分の所で秘典としているものを、他宗の者に見せるわけにもいかなかったのであろう。

さて、ある日、伊豆での布教活動を順調に進めていた仁寛のところに、ひとりの陰陽師がはるばる武蔵国立川からやって来た。その陰陽師は仁寛が説く「理趣経」をもとにした仏教と陰陽道が酷似していることに感動し、すぐに弟子入りを志願、見蓮と名乗り仁寛とともに新しい宗派である立川流を開いたのだ。

おそらくこの立川流は、人間の性的エネルギーを昇華させることによって宇宙との合一をはかるという、非常に高度な行法を目的にしていたことと思われるが、これは決していかがわしいものではなく、修得するにはかなりの修行を積まなければならないようなものなのだ。

ただし、この立川流は、鎌倉時代に庶民の中では大流行したものの、南北朝時代には危険思想として弾圧を受けてあえなく解体してしまった。

日本史の英傑たちに影響を与えた陰陽道

陰陽道宗家であった賀茂家と安倍家の両家は、室町時代になると次第にその勢いを失っていった。賀茂家は勘解由小路家《かでのこうじけ》、安倍家は土御門家《つちみかどけ》と両家とも、地名に因んだ姓に変えていった。しかしながら、陰陽道の影響力は根強いもので、日本史上に名を残している人物のほとんどが、何らかの影響を受けているといっても過言ではない。

鎌倉幕府を開いた源頼朝も、陰陽道にかなり関心があったようで、彼に挙兵を勧めた文覚という僧から、陰陽道の基本を習っているほどだ。挙兵の際も卜筮《ぼくぜい》(易占)で、出撃の時間を判断していたという。

頼朝の弟である源義経も、陰陽道との関係は薄くはない。義経は幼い頃に鞍馬山で天狗から武芸を習ったと伝えられている。天狗というのは架空の妖怪ではなく、実際は役小角《えんのおづぬ》を開祖とする修験道をはじめ、古くから伝わる山岳宗教を修行する山伏たちと考えられている。もちろん、山岳宗教は陰陽道の影響を多分に受けているので、義経が武芸の他に呪術的な教えも修得していたことは、十分に考えられる。後に頼朝に追われ、奥州に逃げるときも、義経は山伏姿であったと言われている。

鎌倉幕府が滅び、南北朝時代になると呪術に長けた天皇まで現れた。その天皇とは後醍醐《ごだいご》天皇である。後醍醐天皇は、呪術で鎌倉幕府を滅ぼしたとも言われている。若い頃から呪術に強い関心を持ち、陀枳尼天法《だきにてんほう》という呪術を学んでいたという。また天皇は易にも詳しく、自ら筮竹《ぜいちく》をふるって占うことがあったとも伝えられている。後に足利尊氏《あしかがたかうじ》に攻められ、吉野の山に逃れて南朝を築くが、なぜか北朝側は南朝に攻め入ることをせず、南朝は六十年間も存続したのだ。後醍醐天皇は陰陽道に基づき南朝に結界を張り巡らせ、北朝の兵を防御していたのかもしれない。

時代は下り戦国の世になると、武力に秀でたものが天下を取るといった時代背景の中では、陰陽道も影をひそめた。織田信長《おだのぶなが》、豊臣秀吉《とよとみひでよし》、徳川家康《とくがわいえやす》の三人が結果的には天下を取ったが、この人たちの中で一番信心深く、呪術などに興味を持っていたのは徳川家康である。

徳川家康は、江戸幕府を開くと、すぐに天海《てんかい》という僧侶を相談役に迎える。南《なん》光坊《こうぼう》天海という僧侶は、実は家康だけではなくあの戦国武将・武田信玄《たけだしんげん》の天台宗の教義の師匠をした人物でもあるのだ。家康に召し抱えられた時は、すでに七十七歳という高齢だったにも関わらず、秀忠《ひでただ》、家光《いえみつ》と徳川三代に仕え、一〇八歳まで生きたという人物である。その出自は明らかではないが、室町幕府十一代将軍、足利義澄《あしかがよしずみ》の落胤《らくいん》であるとか、会津の豪族蘆名《あしな》氏の血を引くとも言われていたらしい。

天海はかなりの陰陽道的知識を持っていた人で、天文や遁甲、方位学などをもって幕府に多大な貢献をした。その柔軟な発想と、政治的駆け引きには定評があったが、呪術力のほうも相当なものであった。家康が疱瘡《ほうそう》を患い医者もサジを投げたときに、自ら祈禱して病を平癒したり、風水にも詳しく、江戸城の鬼門にあたる場所に寛叡《かんえい》寺を建てるように進言したのも天海であった。これは京の都が鬼門封じのために、比叡山延暦寺を建てたことと同じ考えに基づいたものである。その成果があってか、江戸幕府は三百年という長い期間続くことができたのである。

明治に入ると政府は神仏分離令を発令し、神道（神社）と仏教（寺）はそれぞれ独立した形となった。陰陽道はそれまで神道や密教などと習合してきたが、明治以後は一応神道として展開することになった。

明治、大正時代には、いくつかの宗教団体が現れたが、特に大本《おおもと》教をはじめとする神道系新宗教には、その教義の中に陰陽道の影響を受けたと思われる部分が数多く存在している。また、前述のごとく、現在の東洋系の占い、四柱推命、九星占い、気学、風水などのエッセンスはすべて陰陽道から影響を受けている。陰陽道は我々の生活の中に、今なお生きているのである。

付録

人物・用語詳覧集

【蘆屋道満】（あしや・どうまん）

生没年不詳

平安中期、一条天皇の頃の陰陽道士。安倍晴明《あべのせいめい》の門人だった。京の六条坊門万里小路（一説には大宮通り三条）に居住。蘆屋塚、道満井戸などの名と共に、その伝説は日本各地に残る。若狭の国には道満が八百比丘尼《はっぴゃくびくに》（または〝やおびくに〟）の父であるという伝説もある。

八百比丘尼とは、禁断の霊肉である人魚の肉（一説には九穴のわらび）を食べたために、八百歳になっても十五歳の娘にしか見えなかったという比丘尼の物語である。『本朝神社考』には、比丘尼の父親が山で異人に逢い、人魚の肉をすすめられたが、父親は食べずに比丘尼が食べたとある。この父親が蘆屋道満だとすれば、道満は自分の娘に不老長寿の施術を行ったことになる。

『古事記』『宇治拾遺物語《うじしゅういものがたり》』などによると、道満を道摩法師《どうまほうし》として、藤原顕光《ふじわらのあきみつ》の命により、藤原道長に妖術をしかけるが、見破られ追放されるとある。葛《くず》の葉《は》伝説『蘆屋道満大内鑑《あしやどうまんおおうちかがみ》』『信田森女占《しのだのもりおんなのうらかた》』では安倍保名《あべのやすな》のライバルとして登場する。

【安倍晴明】（あべの・せいめい）

延喜二一年〜寛弘二年（九二一〜一〇〇五年）

賀茂忠行父子を師に天文道と陰陽道を学び、天皇や貴族たちの間で絶大な名声を博す。享年八十五歳。著書『占事略決《せんじりやくけつ》』の写本が京都大学に現存。

花山《かざん》天皇の譲位を予言した『大鏡』、道摩法師（蘆屋道満）による藤原道長《ふじわらのみちなが》への呪詛を見破った『峯相記《みねあいき》』『宇治拾遺物語』『古事談』など、陰陽家としての活躍を伝えている。『信田森女占』などに残る葛の葉伝説では、晴明を安倍保名と葛の葉（狐）の子としている。葛の葉稲荷神社は大阪府和泉市に現存。蘆屋道満とは、親子二代に亘《わた》るライバルだったわけだ。幾度にもわたる道満との術くらべに勝利した晴明だが、晴明が唐へ渡っている間に晴明の妻と通じた道満に帰朝後首を取られる失敗もあった。

京都一条戻り橋の近くには晴明神社がある。千葉県銚子市川口町にある川口明神には、晴明への思いが実らず利根川に身を投げた長者の娘、延命姫をとむらい、姫の櫛を奉った歯櫛明神の祠が残る。

【役小角】（えんの・おづぬ）

生没年不詳

役行者、役の君とも呼ばれている。七世紀末の呪術者で修験道の開祖とされる人物。『日本霊異記《にほんりょういき》』によれば、生まれながらに特異な能力を持ち、虚空を飛び、仙人と交わっていたそうだ。幼い頃から博学で、仏教を信じ、十四歳にして洞窟へ籠り、松を食べ、清水を浴び、孔雀《くじゃく》の呪法を会得した。

修行の末、鬼神《きしん》を使役できるようになると、たびたび鬼神を呼び出し仕事を言いつけるようになり、ついには鬼神たちが音を上げて、鬼神が朝廷に言いつけたという逸話もある。『続日本紀』には、小角の能力を妬んだ弟子の韓国連広足《からくにのむらじひろたり》がでっちあげの陰口を朝廷に伝えたことにより、小角は伊豆国に流されたともある。奇異な能力があるがゆえに、身近な者にも妬まれ、しばしば密告されることもあったようだ。ただ、島流しにあっても小角には一向に悲壮な風はなく、昼は島にいて、夜は富士山で遊んだとある。平安時代中期には『今昔物語』、鎌倉時代には『古今著聞集《ここんちょもんじゅう》』『元亨釈書《げんりょうしゃくしょ》』などに足跡がみられる。

【吉備真備】（きびの・まきび）

持統九年～宝亀六年（六九五～七七五年）［一説には誕生が持統七年（六九三年）］幼名は囲松。奈良時代の学者で政治家。

二十三歳から十九年間、唐に留学し、儒学・歴史学・政治学・経済学・法律学・数学・天文学・暦学・兵学・音楽など多岐に渡って学ぶ。橘諸兄《たちばなのもろえ》に重用され、称徳《しょうとく》天皇時代には右大臣となるが、考謙《こうけん》天皇時代には九州に左遷され再び唐に渡り、称徳天皇の計らいにより復権する。天平五年（七三五年）帰国後、怡土《いと》城を築き、また藤原仲麻呂《ふじわらのなかまろ》の乱の鎮定に貢献。天平神護二年（七六六年）従二位右大臣に累進する。

著書に『私教類聚』などがある。結果として、二度も遣唐使として中国に渡った真備の功績は計り知れない。

伝記物語として残るのは、再渡唐前後の時代を描いた『吉備入唐間事』によるもの。

生涯全般に亘っての物語は『江談抄《こうだんしょう》』『今昔物語』『宇治拾遺物語』などに説

話化されている。これらに基づき、十二世紀に作られた『吉備大臣入唐絵巻』が現存している。

『江談抄』や『宿曜占文抄《すくようせんもんしょう》』によれば、唐への留学時、真備の才能を妬んだ唐の官僚たちが、彼を屈伏させるためにさまざまな難題をふきかけたが、真備はことごとく陰謀を打ち破り、無事日本に帰国する顚末が記されている。このとき、真備を助けて活躍したのが、留学して唐で餓死させられ、鬼神に姿を変えられた男で、安倍晴明の先祖、安倍仲麻呂《あべのなかまろ》とされている。

ついに唐の官僚は真備を閉じ込め、餓死させようとするが、真備は鬼神に古い双六《すごろく》の筒と賽盤《さいばん》を用意させ、術を行い、筒で賽盤を覆った。するとと太陽と月が消え、唐の国は暗闇に包まれ、恐れた官僚たちは真備を放免した。

また、『今昔物語』には、押勝《おしかつ》の乱に先立ち謀反を起こし、死後、悪霊となり猛威をふるっていた藤原広嗣《ふじわらのひろつぐ》の霊を鎮めたことでも知られている。

【空海】（くうかい）

宝亀五年～承和二年（七七四～八三五年）

平安時代の僧。弘法大師《こうぼうだいし》空海。俗に「弘法さん」「お大師さん」の名でも親しまれている。入唐して密教を修行し、帰国後高野山に金剛峰寺《こんごうぶじ》を開き、真言宗の開祖となる。『修行縁起』によれば、唐から雲に乗り帰国して高野山に落ちたとある。『行状集記』や『御伝』では、守円という行者と呪詛合戦をして勝利した様子が描かれている。また、『麗気記』には、真言密教と神道を結びつけた両部《りょうぶ》神道《しんとう》の祖とされている。一説には、いろは歌の作者とも言われている。聖地を開拓し、巡礼を続けた空海には、土地土地に根付いた逸話も多い。山梨県中巨摩《こま》郡敷島町の天狗沢には、農家の老婆に水を所望したところ、濁った水を差し出され、哀れんだ空海が杖で地に差すと、たちまち透明で清らかな水が湧き出したという話がある。愛知県一宮市真清田では、空海が雨乞いの術を施した記録がある。空海が雨乞いのために茅草で龍を作ると、龍は天高く舞い上がり、まもなく雨が降ったという。真清田神社はその龍を祀るために建てられたとある。

【諸葛亮】（しょかつ・りょう）

後漢・蜀漢（一八一〜二三四年）

中国、三国時代の蜀漢《しょつかん》の宰相。字《あざな》は孔明《こうめい》。琅邪《ろうや》国陽都県の出身。劉備《りゅうび》に三顧の礼を受けて仕えたと伝えられ、天下三分の計を上申、劉備の蜀漢《しょくかん》建国を助ける。劉備死後、子の劉禅《りゅうぜん》を補佐し、五丈原で魏《ぎ》軍と対陣中死去。火攻めに先立ち、壇を炊いて天に祈願して東南風を起したり、あるいは敵軍を八門遁甲《はちもんとんこう》の陣に迷わせるなど、さまざまな術を駆使した。

史実としては孔明が出陣に際し、後主劉禅に奉じた上奏文、先主劉備の遺徳を高めるように説いた誠忠の情あふれた名文『出師《すいし》の表』（二二七年）、他に『後出師の表』（二二八年）などがある。

『平話』『演義』と三国志は読み物としての脚色が濃厚となり、清の歴史学者の評論でも『演義』に至っては「史実七割、虚構三割」と評されているが、軍配を道教思想により陰陽五行説を活用し、陰陽道、風水、天測などの基形を用いた歴史上最古の軍師として知られている。

【蘇民将来】（そみん・しょうらい）

古代説話の伝説上の人物

『備後風土記』によれば、スサノヲノミコト（武塔神）が一夜の宿を借りようと立ち寄ったところ、裕福な弟の巨旦《こたん》将来はこれを断り、貧しい兄の蘇民将来は歓迎してスサノヲを招き入れたという。その礼としてスサノヲは蘇民将来に、茅《ち》の輪《わ》の護符を伝授し、蘇民将来はその力により疫病やさまざまな災いから身を免れるようになった。三重県度会郡二見町松下の蘇民の森がその舞台と伝えられており、この茅の輪の護符が、日本に広まった護符思想の基形とされている。

やがてこの護符は、仏教や神道と融合し、修験者や陰陽師から伝播、ドーマン、セーマンなどで知られる晴明判や文字書きの護符に発展する。京都八坂神社や信濃国分寺八角堂では魔除けとして「蘇民将来」の文字を記した護符が配られるようになった。

岩手県の黒石寺では、正月七日に餅や蘇民袋を男たちが奪い合う蘇民祭が行われている。

【武内宿禰】(たけうちの・すくね)

記紀に登場する伝説上の人物

成務《せいむ》、仲哀《ちゅうかい》、応神《おうじん》、仁徳《にんとく》の時代、現在の文部大臣の地位にあった。『古事記』『日本書紀』『因幡国風土記』などにも記述はみられるが、すべて事実と考えると、三百六十余歳まで生き、在官期だけでも二四四年(景行二五年~仁徳五十年)に及ぶ。神功皇后との結びつきが強く、政治的な画策士として相談役であったことが伺える。施術者や戦略家としての才能も相当のもので、土木工事に邪魔な岩に雷を落として砕いたり、忍熊王《おしくまのおう》を倒すなどの武勇伝も『日本書紀』に残る。その功績は近世でも認められており、百円硬貨ができる前に流通していた百円札の肖像としても使用されていた。また、『古事記』『日本書紀』以前に書かれた古文書とされる『竹内文書』を世に伝えた人物として知られている。武内宿彌の残した神代文字による資料は、孫の平群真鳥《へぐりのまとり》によって漢字カナ混じりに書き改められ、やがて宿彌から数えて六十六代目の子孫、竹内巨麿《きよまろ》によってその内容を教典とし、明治四十三年、茨城県北茨城市磯原に皇祖皇太神宮天津教が設立されている。

【天海僧正】（てんかい・そうじょう）

天文五年〜寛永二十年（一五三六〜一六四三年）

天台宗の僧。号は随風《ずいふう》後に南光坊《なんこうぼう》。天台の檀那《だんな》一流、慧心《けいしん》流、葉上《ようじょう》流、真言密教を極める。徳川三代の家康《いえやす》、秀忠《ただひで》、家光《いえみつ》の政治顧問として、江戸の都市計画に風水を用い、政務に携わる。

僧としての働きだけでなく、徳川将軍家の覆面軍師、黒衣の宰相と伝えられているように、軍師としての側面も持っている。家康の信頼が厚く、日光山を与えられ、家康没後、その遺骸を日光に改葬し、輪王寺を中興した。寛永元年（一六二四）、上野の東叡山寛永寺を開き、寛永十四年、木活字の『大蔵経』（天海版）を完成する。

天海僧正は、江戸城に赴くとき以外ほとんど川越（埼玉）の喜多院に詰めていたようだが、そこに居ながらにして、世間で起こっていることが、手にとるようにわかったという。天海が瞼《まぶた》を半開きにすると、あたかも情景が瞼の裏に映るかのように、今、どこの誰それが何をしていると言い当て、後日それが事実であったと知れることもしばしばだった。

元和二年（一六一六年）正月二十一日。駿府（静岡）で家康が発病したさい、天海は知らせも届かないうちに江戸城に出向き秀忠《ひでただ》に事態を説明し、病退散の祈願を始めたというエピソードが残っている。

前半生についての記録がないことから、近年、織田信長《おだのぶなが》の家臣であった明智光《あけちみつ》秀《ひで》との同一人物説もてはやされている。光秀は本能寺での謀反《むほん》の後、豊臣秀吉《とよとみひでよし》らの反撃にあい、敗戦。退却中、小栗栖《おぐるす》で刺殺されたと伝えられているが、生きて落ち延びたともいう。

没年齢も、百六とも百十八とも百二十とも百三十とも言われており、比較的、史実の確認が容易な時代にも関わらず謎が多い。『慈眼大師誕生考』によれば、「本名は船本、または平《たいら》一族、あるいは足利《あしかが》の子孫」。『慈眼大師縁起』には、「葦名、三浦、あるいは足利」とあり、過去に関する内容をことごとくはぐらかせていた様子が伺える。

京都府北桑田郡周山村の慈眼寺には「主一院前白川明叟玄智大居士神儀」とある。周山とは明智光秀の居城があった場所で、寺号の慈眼が天海に通じる。

【道鏡】（どうきょう）

生年不詳〜宝亀三年（?〜七七二年）

奈良時代末期の法相宗《ほっそうしゅう》の僧であり政治家。俗姓は弓削連《ゆげのむらじ》。略伝『七大寺年表』によれば、葛城山に籠もって如意輪法《にょいりんほう》を修行し、また密教の宿曜秘法《すくようひほう》（占星術）を習得したという。

義淵の弟子ともあり、晩年の義淵に法相宗を学んだともいわれる。『続日本紀』没伝には梵語（サンスクリット）をほぼ読み書きでき、気功術などを含む禅行にも秀でていたという。

天平宝字五年（七六一年）、孝謙《こうけん》上皇の病を如意輪宿曜秘法をもって全快させた功績により政界に進出（『古事談』）。

天平宝字七年（七六三年）淳仁《あつひと》天皇は藤原仲麻呂《ふじわらのなかまろ》（恵美《えみ》押勝）の意を受けて上皇に道鏡のことで忠告するが、上皇は立腹して法華寺に入り出家する。この結果、仲麻呂は権力を失い、道鏡が台頭する。

天平宝字八年（七六四年）藤原仲麻呂の乱で、仲麻呂は敗死し、淳仁天皇が廃されて淡路島へ流される。同年九月、道鏡は大臣禅師となる。藤原仲麻呂を挟んで吉備真備と同時代に活躍している。天平神護元年（七六五年）上皇は称徳《しょうとく》天皇として再び即位（重祚）、道鏡は太政大臣禅師に任ぜられる。

翌年十月、さらに法王の位を得て専横を極め、神護景雲三年（七六九年）宇佐八幡の神職習宜阿曾麻呂《すげのあそまろ》と結託し、神託と称して皇位を狙うが、藤原百川《ふじわらのももかわ》の意をうけた和気清麻呂《わけのきよまろ》らによって妨害され、下毛野国（栃木県）の薬師寺別当に左遷される。

出生には天智《てんち》天皇の皇子志貴皇子説（『七大寺年表』『本朝皇胤紹運録』）と物部守屋《もののべのもりや》子孫説（『続日本紀』）がある。

前田家本『水鏡』によれば、まだ若い頃山中で修行中、修行がうまくいかなかったことに腹を立て地蔵に小便をかけたところ、蜂に刺されて巨根になったという。『続日本紀』にも巨根説を謳《うた》ったものがある。

女帝孝謙に寵愛された道鏡を快く思わなかった者たちの陰口が今に残るもののようだ。

【弓削是雄】（ゆげの・これお）

生没年不詳

貞観六年（八六四年）伴宿禰世継《とものすくねよつぎ》の命を占験《せんげん》の夢解きによって救った記述が『今昔物語』『政事要略』にある。

安倍晴明以前の陰陽師で、姓の弓削が示すように、奈良時代の僧、道鏡（弓削姓）の流れを継いでいる。道鏡が失脚後、自らは下毛野国（栃木県）に落ち延び、その一族は政界から離れたが、一部は陰陽寮に残り、孔雀《くじゃく》王法《おうほう》や星祭り、宿曜法などの密教占星術を融合させ、陰陽道の知識を伝えた。

占験は、式盤《ちょくばん》による占いで、式占《ちょくせん》と呼ばれていた。占法は六壬《りくじん》。占時に十二神将を定め天盤を回し、盤上の神と星の配置から占った。

式占自体の歴史は古く、弘文元年（六七二年）の壬申《じんしん》の乱の際、大海人皇子《おおあまのおうじ》が使用したとの記録もある。

【十二神将】（じゅうにしんしょう）

十二神将は、薬師経典を信奉する者を守る十二の夜叉神で、薬師如来の守護神とされ、また、その化身。別名を十二薬叉大将、十二神主ともいう。『薬師瑠璃《やくしるり》光如来本願功徳経《こうにょらいほんがんくどくきょう》』によれば、釈迦《しゃか》が薬師如来の本願と功徳について説法を行ったとき、感動した十二の夜叉が、各自七千の眷属《けんぞく》を従えて守護を誓ったという。天部に属する神々は、天上界において仏法を外敵から守護する護法神で、元来は古代インドにおいて人々が信仰していたバラモン教やヒンドゥー教の神々が帰依して護法神となったもので、現世利益的な福徳神の性格も合わせ持つ。

●宮毘羅（くびら）　子神
●伐折羅（ばさら）　丑神
●迷企羅（めいきら）　寅神
●安底羅（あんちら）　卯神
●摩儞羅（まにら・あにら）　辰神
●珊底羅（さんちら）　巳神
●因達羅（いんだら）　午神
●波夷羅（ばいら）　未神
●摩虎羅（まこら）　申神
●真達羅（しんだら）　酉神
●招杜羅（しょうとら）　戌神
●毘羯羅（びから）　亥神

十二神将は、昼夜十二時、四季十二カ月にわたり、不断に衆生を守ると信じられ、日本では、薬師如来と共に奈良時代から信仰されている。

十二支の区分は、本来は、木星（歳星）が十二年で天を一周することから、中国の天文学で木星の位置を示すために用いられていた。子《し》、丑《ちゅう》、寅《いん》、卯《ぼう》、辰《しん》、巳《し》、午《ご》、未《び》、申《しん》、酉《ゆう》、戌《じゅつ》、亥《がい》の十二で、日本に入ってから馴染みのある動物に当てはめられ、鼠《ね》、牛《うし》、虎《とら》、兎《う》、竜《たつ》、巳《み》、馬《うま》、羊《ひつじ》、猿《さる》、鶏《とり》、犬《いぬ》、猪《い》となった。

十二神将の造像は教典・儀軌《ぎき》等の規制を受けておらず、具体的な形についての言及が説かれるのは中国・元代に入ってからで、それ以前に造られたものは比較的自由に創作が行われた。十二神将の頭上に十二支獣をいただいた形式のものや、各々が十二支獣に乗った形式のものもある。式盤で式占に用いられる十二神将は、背景に中国の陰陽五行説が濃厚にあり、十二天将（青龍《せいりゅう》、勾陳《こうちん》、六合《りくごう》、朱雀《すざく》、騰蛇《とうだ》、貴人《きじん》、天后《てんごう》、大陰《たいおん》、玄武《げんぶ》、大裳《たいもう》、白虎《びゃっこ》、天空《てんくう》）のことであり、薬師如来の眷属とは意味合いが異なっている。

【七曜・九曜】（しちよう・くよう）

古代から占星術に用いられている主用惑星を七曜・九曜という。日曜から土曜を七曜。七曜に羅睺星《らごうせい》と計都星《けいとせい》を合わせたものを九曜という。

日曜　丑寅方［太陽・日精］
月曜　戌亥方［大陰・月星・月精］
火曜　南方［熒惑星《けいこくせい》・火星・火精］
水曜　北方［彗星・辰星《しんせい》・水星］
木曜　東方［歳星《さいせい》・木精］
金曜　西方［太白《たいはく》・金星・金精］
土曜　中方［鎮星《ちんせい》・土星・土精］
羅睺星　東北方［蝕神《しょくしん》・黄幡星《おうばんせい》・太陽首］
計都星　西南方［彗星・蝕神尾・太陰首］

これらはいずれも星曼荼羅《ほしまんだら》の第二院に配置され、『宿曜経《すくようけい》』『梵天火羅九曜《ぼんてんからくよう》』などに説かれている。
　弓削是雄などが行った六壬《りくじん》などに代表される占星術での十二神将の定義は、時代・流派によっても異なる。一般的には北を玄武、東を青龍、南を朱雀、西を白虎とし、四神相応《ししんそうおう》とするが、四神の左右、たとえば玄武なら、左の天空と右の天《てん》后《ごう》のいずれかを共に北位置とするなどの違いもみられる。一例を挙げると以下のような意味合いで仕分けされ、託宣《たくせん》の要素としている。

天后《てんごう》　愛情を司る神
貴人《きじん》　雅な感情を司る神
青龍《せいりゅう》　上昇欲を司る神
六合《りくごう》　和合を司る神
勾陳《こうちん》　努力心を司る神
騰蛇《とうだ》　闘争心を司る神
朱雀《すざく》　光の知恵を司る神
太裳《たいじょう》　平常心を司る神
白虎《びゃっこ》　力を司る神
大陰《たいいん》　清らかさを司る神
天空《てんくう》　虚しさを司る神
玄武《げんぶ》　闇の知恵を司る神

【八将神】（はちしょうしん）

八将軍とも呼ばれる。運勢暦の冒頭に歳徳神《としとくじん》や金神《こんじん》と並び、必ず方位が紹介されていた神々で、「暦の初めの八将軍」として親しまれていた。その年の八将神らの方位を十干十二支《じゅっかんじゅうにし》で定め、それぞれの位置関係により、吉凶を占った。八将神は牛頭天王《ごずてんのう》（素戔嗚尊《すさのおのみこと》）と稲田姫《いなだひめ》（櫛名田比売《くしなだひめ》）との間に生まれた八王子とも、頗梨賽女《はりさいじょ》の生んだ子であるとも、五星の精霊であるとも言われている。

歳徳神　牛頭天王の妃、稲田姫であるとも、娑竭羅龍王《しゃかつらりゅうおう》の娘、頗梨賽女とも言われている。一年中の徳のすべてを司る神とされ、歳徳神の方向に向かって事を成せば、すべてが大吉であると言う。また、その方角を恵方《えほう》と言う。

金神　龍にまたがり剣を持った鬼神。牛頭天王と八王子によって滅ぼされた巨《こ》旦大王《たんだいおう》の精魂の祟り神。金神の方位を侵すと、その者を含めて七人を殺す祟りがあると言う。金光教《こんこう》の「天地金乃神《てんちかねのかみ》」や大本教《おおもと》の「艮の金神《うしとらかねのかみ》」などは、祟り神を偉大なる力を持った神として祀り直したものである。

●大歳神《だいさいじん》【歳星】木曜星の精。もっとも高い方位で、よってこの方角に向かって争いごとを起すと凶に転じる。造作、転移などは大吉。
●大将軍《だいしょうぐん》【太白星】金曜星の精。金気は五行において物を枯らし伐るものであるため、棟上げ、移転、嫁取りなど、万事において凶。
●大陰神《だいおんじん》【鎮星】土曜星の精。大歳神の妃。土は大陰、陰は陽を愛し陰を妬む。ゆえに嫁取り、お産など、女性に関わることはすべて凶。
●歳刑神《さいぎょうしん》【辰星】水曜星の精。刑罰を司る。この方位を侵せばたちまち災いが訪れるとされる。土をいじったり種を蒔《ま》いたり、木を植えるなどは凶とされる。
●歳破神《さいはしん》【鎮星】土曜の精。同じ土曜の大陰神とは相応する位置にあり、大陰神に突き破られる意で「歳破」という。苦難を受ける位置で凶。
●歳殺神《さいせつしん》【太白星】金曜星の精。大将軍よりは軽いとはいえ、その力は凄まじく、金気は同じく万物を枯らし、害し、滅する凶。
●黄幡神《おうばんしん》【大凶星】羅睺星の精。この神が巡る方位に、家を造ったり、門を立てるなどの造作をすると、たちまち災いを招くとして凶。
●豹尾神《ひょうびしん》【凶星】計都星の精。猛悪の神で、この方位に尾のある生き物を探したり、その方位を汚したりすると祟りがあるとして凶。

参考文献

『陰陽道の本』学研ブックスエソテリカ（学習研究社）
『日本陰陽道史話』村山修一著（大阪書籍）
『中国占星術の世界』橋本敬造著（東方書店）
『平安京のゴーストバスター』志村有弘著（角川書店）
『日本の呪い』小松和彦著（光文社）
『呪術が動かした日本史』武光誠著（青春出版社）
『陰陽師安倍晴明』歴史と旅増刊号（秋田書店）
『鬼が作った国日本』小松和彦、内藤正敏著（光文社）
『エピソード魔法の歴史』G・ジェニングス著（社会思想社）
『易経の謎』今泉久雄著（光文社）
『奇跡の八卦』王永平著（テラブックス）
『風水天命術』徐佳宣著（桃園書房）
『聖書』（日本聖書協会）
『中国思想史（上）』森三樹三郎著（第三文明社）
『陰陽師「安倍晴明」超ガイドブック』安倍晴明研究会著（二見書房）
『陰陽道』長原芳郎著（東洋書院）

青春文庫

陰陽道《おんみょうどう》　安倍晴明《あべのせいめい》の謎《なぞ》

2000年3月20日　第1刷

編　者　歴史《れきし》の謎研究会《なぞけんきゅうかい》

発行者　小澤源太郎

責任編集　株式会社プライム涌光

発行所　株式会社青春出版社

〒162-0056 東京都新宿区若松町 12-1

電話 03-3203-2850(編集部)

03-3207-1916(営業部)

振替番号　00190-7-98602

印刷／共同印刷

製本／豊友社

ISBN 4-413-09134-5

それいけ×ココロジー DELUX version

心理ゲームの決定版
気になるわたしの未来は？
彼のホントの気持ちは？

それいけ!!ココロジー編

514円〒240円
(SE-117)

ちょっと大人のカクテルストーリー

読んで美味しい、飲んで愉しくなる

もっと深く味わうための、
一杯に秘められた本当の物語

橋口孝司【監修】

514円〒240円
(SE-118)

モーツァルトの「正しい」聴き方

天才作曲家が一つひとつの
楽譜に込めた真の意味とは——

吉成　順【監修】

571円〒240円
(SE-119)

歴史の秘密《ルーツ》が見えてくる 家紋起源事典

834の家紋をめぐるエピソード集
——あなたは一体どこから来たのか

丹羽基二

1143円〒240円
(SE-120)

アジア飯店

食にはじまり、食に笑い、食に苦しみ、食に泣いた、人情紀行

お腹がいっぱいなのは、人の愛がいっぱいだからだ！

岡崎大五

524円〒240円
(SE-125)

決定版【血液型】で人間を知る本

幸せになる相性の科学

その人の特性は血液型でわかる！好きになる人、嫌いになる人は？あなたに関わる相性のすべて

能見正比古・能見俊賢

571円〒240円
(SE-126)

弱さを強さにするヒント

危機こそチャンス、試練こそチャンス！

言いたいことを持っているか本当は何がしたいのか
――自己変革学、その17項

田原総一朗

505円〒240円
(SE-127)

バッハの「正しい」聴き方

あの偉大な作品は、いかにして誕生したのか――音楽に捧げた生涯と、名曲誕生の真実の物語

吉成　順［監修］

514円〒240円
(SE-128)

ふしぎ歴史館
世界遺産　35の謎の収集
絶えることなく残された
奇跡の遺産の数々。
その秘められた謎を追う！
歴史の謎研究会［編］
524円〒240円
(SE-129)

僕ならこう考える
こころを癒す5つのヒント
人間関係、仕事、恋愛、
コンプレックス、自分……
大事なことの考え方、見つけ方
吉本隆明
514円〒240円
(SE-130)

銀河鉄道999〈上〉
GALAXY EXPRESS
西暦2200年、メーテルと
出会った少年は、夢と希望を胸に、
銀河鉄道へ乗り込んだ！
松本零士［原作］
505円〒240円
(SE-131)

銀河鉄道999〈下〉
GALAXY EXPRESS
ひとつの旅が終わり、
また新しい旅立ちがはじまる――
松本零士［原作］
505円〒240円
(SE-132)

ほんとうのあなたに出逢う◆青春文庫

あなたの隣の法律相談
ありがちなトラブル、
とんでもない火の粉にこの対応

信じられない実例の数々！
読むほどに法律の意外な
基準が見えてくる

白井勝己［監修］

514円〒240円
(SE-133)

陰陽道 安倍晴明の謎

歴史の闇を動かした天才陰陽師と、
天地の理を解く陰陽五行、
呪術の秘密に迫る

歴史の謎研究会［編］

505円〒240円
(SE-134)

日本魔界紀行
今なお姿を残す魔界の
神秘と謎に迫る

妖気漂う歴史の闇が
扉を開ける
——あなたはもう戻れない

火坂雅志

505円〒240円
(SE-135)

Dr.コパの風水 21世紀に残す物 捨てる物

衣類、アクセサリーから食器、本、
CD、預金通帳まで、運のいいモノ
だけを残す開運収納の秘訣

小林祥晃

514円〒240円
(SE-136)

※価格表示は本体価格です。（消費税が別途加算されます）